GUÍA DE ORIENTACIÓN PSICOLÓGICA Y DE AUTOAYUDA

CÓMO CONOCERSE A SÍ MISMO, SUPERARSE Y ALCANZAR SU PLENITUD

Autores: Dra. Yolanda Galarza

Dr. Luis Vaca

Quito, Febrero 2018

Derecho de autor N°: 052848

ISBN: 978-9942-30-668-5

CONTENIDO

PRESENTACIÓN 3

INTRODUCCIÓN 4

CAPÍTULO I: DESCUBRIÉNDOSE A SÍ MISMO: AUTOEXPLORACIÓN 6

    1.1   Características positivas y negativas de la personalidad 7

    1.2   Circunstancias incómodas y nuestra conducta 10

    1.3   Autobiografía 12

CAPÍTULO II: BUSCANDO EL CAMINO..14

    2.1   Cómo utilizar el razonamiento para nuestro propio beneficio: autopersuasión 14

    2.2   Autosugestión 17

    2.3   Relajación 18

    2.4   Desensibilización sistemática 22

    2.5   Terapia aversiva 24

    2.6   La sublimación 25

CAPÍTULO III: VENCIENDO OBSTÁCULOS...27

    3.1   Falta de perseverancia..27

    3.2   Resistencia al cambio 29

    3.3   Culpar a otros o a las circunstancias...29

    3.4   Olvidar nuestra esencia 31

    3.5   Sentimientos negativos hacia los demás 32

3.6   Malas relaciones interpersonales 35

3.7   Falta de autocontrol 37

CAPÍTULO IV: ALCANZANDO METAS 39

4.1   Aprendiendo a enfrentar y resolver problemas 39

4.1.1   Aceptar la situación de vida 40

4.1.2   Planificar la solución (aceptar la realidad y actuar) 41

4.2   Tomar decisiones acertadas 44

4.3   Establecer sus metas 47

4.4   Planificar y ejecutar sus metas 50

CAPÍTULO V: PROGRAME SU AUTORREALIZACIÓN 56

5.1   Valorar su vida 57

5.2   Autoobservar su comportamiento 60

5.3   Salir del estancamiento 64

CAPÍTULO VI: FRASES QUE MOTIVAN... 67

ANEXOS 82

GLOSARIO DE TÉRMINOS: 98

REFERENCIAS:... 100

PRESENTACIÓN

No existe ser humano que en algún momento de su vida no haya tenido pensamientos negativos sobre sí mismo o su ambiente o que no haya enfrentado algún obstáculo al que percibió como un problema. Pocas personas aprovechan estas experiencias y superan estos inconvenientes, mientras la gran mayoría los asume como parte de su destino y su vida.

Es imprescindible el conocimiento de uno mismo para entender sus problemas, que en realidad existen solo en el pensamiento, sin embargo estos limitan a la persona en su desenvolvimiento natural y en la búsqueda o aceptación de la felicidad.

Conocerse uno mismo para cambiar lo negativo, superar obstáculos, plantearse y cumplir metas que le conduzcan a ser sano y feliz es la finalidad de este libro, que es una guía, con lenguaje sencillo y comprensible, dirigido para que todas las personas lo lean y lo aprovechen; no obstante, su contenido es muy científico, desarrolla técnicas psicológicas de fácil implementación, que pretenden cambiar o mejorar la conducta de las personas y que incluso pueden ayudar a profesionales en el tratamiento a sus pacientes. Al final se anexan las tablas y matrices utilizadas para aplicarlas en cualquier momento.

Los pensamientos moldean la conducta de las personas, por eso es importante hacer una autoexploración, en el capítulo primero, con técnicas sencillas que le permiten conocerse a usted mismo, identificar sus virtudes y defectos, sus conductas positivas y negativas, yendo de lo superficial a lo profundo, de lo común a lo individual para, finalmente, enfocarse y desarrollar todos sus aspectos positivos.

Si las conductas negativas son profundas o si desea aprovechar virtudes descubiertas, el capítulo segundo, le ayudará con técnicas psicológicas específicas, para eliminar conductas negativas o aprovechar las positivas a su favor.

Al decidir cambiar la conducta pueden presentarse obstáculos, que no permiten los cambios o que no dejan mirar transparentemente las conductas negativas, por eso el capítulo tercero: le brinda técnicas para eliminarlos y avanzar en el camino de superación personal.

Una vez que se conoce mejor a sí mismo y ha fortalecido sus cualidades positivas, puede alcanzar cualquier proyecto o ideal de vida, cumplir todas sus metas, tanto a corto, como a mediano y largo plazo, aplicando las técnicas desarrolladas en el capítulo cuarto, las mismas que, poco a poco, le conducen a que "programe su autorrealización" (capítulo quinto) con nuevos proyectos o con la visualización de su vida cotidiana, en donde aprenderá a valorar lo que tiene y a adquirir lo que siente que necesita para ser feliz.

"Frases que motivan" (capítulo sexto), le apoyan cada día para que mantenga siempre la motivación por ser mejor y alcanzar la felicidad, que está en lo más profundo de usted mismo, para superar obstáculos que usted se crea, a veces sin saberlo, haciendo más complicado avanzar en el sendero que construye para su vida. Reflexionando e interiorizando estas frases y aplicando las técnicas psicológicas óptimas para usted, acariciará, sentirá, compartirá y vivirá plenamente el bienestar.

INTRODUCCIÓN

De cómo el ser humano percibe el mundo resulta "el pensamiento", el cual genera deseos, emociones, sentimientos y acciones, que determinan su conducta. Si el pensamiento es positivo, el comportamiento será positivo, mientras que si es negativo, el comportamiento será negativo, provocará conflictos para sí mismo y en su relación con los demás; estos conflictos se percibirán como dudas, miedos y problemas, que más tarde desencadenarán enfermedades biológicas, psicológicas y psicosomáticas (enfermedades físicas de origen psicológico), así como violencia para consigo mismo, como para con los demás.

Las interpretaciones que la persona da a las percepciones de la realidad externa forman el pensamiento que, inconscientemente, moldea, crea o determina la conducta, las experiencias y las circunstancias en las que vivirá. Estas experiencias pueden ser de satisfacción, bienestar, felicidad y salud o de sufrimiento, dolor y enfermedad.

Para alcanzar bienestar, salud y ser feliz es importante identificar el estado de la relación pensamiento-conducta. Esto puede hacerse a través de "ir" directamente a la conciencia y dejar de lado los pensamientos negativos o reorientar los pensamientos con un análisis de los mismos o, como en esta propuesta, del análisis de la conducta llegar a los pensamientos, a través de autoobservarse y conocerse a sí mismo, explorar las capacidades físicas y las cualidades positivas y las actitudes negativas de la conducta, enlistarlas y analizarlas o encontrarlas en una autobiografía, con el objetivo de buscar una forma de eliminar, transformar o aprovechar las características aparentemente negativas "defectos", amplificar las positivas y reconstruir la personalidad.

Para la reconstrucción personal se utilizarán técnicas psicológicas sencillas, cuyo uso dependerá de la cualidad a transformar o de las experiencias y conflictos específicos de la persona, como: la **autopersuasión**, que consiste en aconsejarse a sí mismo una conducta apropiada, en base a argumentos bien investigados, para que no cause daño a nadie y permita una mejor adaptación a la realidad; la **autosugestión**, que puede complementar a la anterior y consiste en decretarse a sí mismo, que ciertas circunstancias, hechos o personas le producirán una repuesta positiva; la **relajación**, que libera la tensión del cuerpo, aflojando los músculos hasta encontrar alivio; la **desensibilización sistemática**, útil para vencer miedos y fobias, enfrentando en forma progresiva las experiencias negativas; la **terapia aversiva**, en la que se asocia una conducta indeseable con un estímulo desagradable que no se tolera, hasta la desaparición de la conducta; la **sublimación**, o canalización de la energía utilizada para una conducta perjudicial, hacia una actividad provechosa.

Instalado el deseo de mejorar y avanzando en el cambio de la conducta personal, pueden surgir o aflorar conductas, que representan obstáculos y deben ser vencidos o superados como: la **falta de perseverancia,** que se supera al incluir una nueva actividad al ritmo normal de la vida; la **resistencia al cambio**, que se presenta por un acostumbramiento casi enfermizo a errores y actitudes negativas en la personalidad; **culpar a otros o a las circunstancias,** cuando no se acepta que la responsabilidad de todos los actos es propia y no de los demás, por lo que se debe concientizar esta situación para superarla; **olvidar nuestra esencia,** fruto de la inmadurez, pensamientos y sentimientos negativos que se instalan en la mente y deben ser liberados para volver a la esencia del ser humano; **sentimientos negativos hacia los demás**, que de pensamientos, evolucionaron a sentimientos y son adoptados como propios, superándolos al hacerlos conscientes y cambiarlos con amor y por amor; **malas relaciones interpersonales,** que se superan respetando y tolerando las diferencias entre humanos, amando al prójimo como a uno mismo; y la **falta de autocontrol**, que se resuelve conociendo que, en cada instante, el estado emocional es una decisión personal y que el controlar los pensamientos brinda autocontrol.

Una vez que se ve el mundo diferente, con pensamientos nuevos y positivos, se puede plantear o replantear las metas que regirán el destino al bienestar y felicidad. Empezar por las de corto plazo que le afectan en el momento presente a la persona como: **aprender a enfrentar y resolver problemas**, sabiendo que ellos tienen solución, aceptando la situación de vida (ya que todo lo que nos pasa en un determinado momento es lo mejor que nos puede pasar) y continuar o planificar cuidadosamente la actuación frente al problema, para solucionarlo; **tomar decisiones acertadas**, evidenciando que los problemas en la toma de decisiones reflejan la dificultad de discernir, entre el ser y el tener, entre lo esencial y lo superficial, creando una mente confusa, que debe aquietarse y escuchar la voz interior para tomar la mejor decisión. O a mediano y largo plazo, para **establecer sus metas**, orientando sus pensamientos, ideales y deseos, hacia fines claros que, para su consecución, se debe **planificar y ejecutar sus metas,** definiendo qué acciones tomar, cómo y cuándo, antes de llevarlas a la realidad, conjuntamente con el desarrollo de hábitos que le lleven al éxito.

Alcanzar el máximo bienestar y felicidad requiere de una visión libre de egoísmo, ver más allá de satisfacer sus propias necesidades, para buscar el bien común y universal, practicando su "don" en cada actividad, para autorealizarse. Esto puede lograrlo, programando su autorrealización, a través de **valorar su vida**, ya que en su momento actual puede tener y hacer todo para ser feliz y no lo reconoce, por lo que es necesario evidenciarlo explícitamente; o pudiera ser que realice acciones que estén en contra de sus metas, por lo que es necesario **autoobservar su comportamiento** y, en todo instante, "hacer lo correcto" más allá de su conveniencia personal. Solo así alcanzará sus metas, con felicidad y salud mental; pero también es necesario, luego de alcanzar algunas metas, no detenerse y **salir del estancamiento**, profundizando en este momento, la búsqueda de su autorrealización, con nuevas metas "más elevadas".

Cada día tiene sus propias circunstancias, siempre serán a favor suyo, aunque algunas parezcan obstaculizar su camino; es necesario reforzar su observación, motivándose cada momento; puede hacerlo con una frase diaria, para reflexionarla y hacerla parte de sus acciones del día.

CAPÍTULO I: DESCUBRIÉNDOSE A SÍ MISMO: AUTOEXPLORACIÓN

> **Una vida no examinada, no merece la pena ser vivida.**
> Sócrates

Antes de empezar un tratamiento psicológico, el profesional, generalmente, requiere realizar una entrevista detallada y una serie de pruebas (tests psicológicos) que, a pesar de tener un significado muy subjetivo, ayudan a conocer al paciente, elemento que es muy valioso a la hora de ayudarlo y mejorar su salud[1].

No se puede mejorar lo que no se conoce, como tampoco resolver problemas sin conocer sus manifestaciones[2]. Los problemas no son tales solo por naturaleza sino, sobre todo, por la apreciación de quienes lo sienten, lo padecen o lo provocan que, a su vez, depende de sus experiencias previas, aptitudes, cualidades o características propias de cada persona. Estas características de los problemas permiten convertir a estos en oportunidades de cambio, de mejora o de superación.

Para ayudarse a sí mismo, ser mejor y vencer obstáculos es necesario (al igual que con un profesional), empezar por conocerse mejor, conocerse a sí mismo[3], para afianzar lo positivo y transformar o aprovechar lo aparentemente negativo (los defectos).

Al ejercicio de conocerse mejor o conocerse a sí mismo lo llamaremos **autoexploración**, que consiste en descubrir pero, sobre todo, concientizar y aceptar las cualidades personales que permiten o interfieren en el desarrollo de las actividades diarias de cada ser humano.

A continuación se expondrán tres técnicas de autoexploración:

---

[1] Para la Organización Mundial de la Salud, desde 1948 "la salud es un estado de completo bienestar físico, mental y social ..." (citado en Alcántara, 2008, p. 96). De esta definición, cabe destacar, que la salud no es solo física, sino también mental y una construcción social. El bienestar (podría decirse felicidad) depende de nosotros, pero principalmente de lo que damos y hacemos por los otros.

[2] Mejorar la calidad de vida es similar a mejorar la calidad de cualquier producto o servicio, que para Juran (1990, p. 37) requiere una inversión en dos formas: 1. Un diagnóstico para descubrir las causas de la mala calidad y 2. Un remedio para eliminar las causas.

[3] Sócrates (469 - 399 a. de C.) hace más de 2.400 años, sostenía que se deben investigar los problemas sociales antes que los naturales, recomendaba iniciar por el conocimiento de sí mismo, "conócete a ti mismo", lo que quiere decir: saber lo que es útil y lo que es nocivo, lo que es justo y lo que es injusto, lo que está a la altura de las fuerzas del hombre y lo que está por encima de ellas (Pokrovski y otros, 1966, p. 57).

1.1 Características positivas y negativas de la personalidad

La primera técnica de autoexploración consiste en elaborar, en forma honesta, una lista de todas sus características, tanto positivas como negativas, según usted las considere. Los seres humanos tenemos más cualidades positivas que negativas.

Empiece la lista por características superficiales, comunes, innatas o adquiridas, que le permiten ser independiente, las características físicas e intelectuales, si escucha, ve, camina, siente y tiene inteligencia, escribe, lee (si usted está leyendo estas líneas, anote esa cualidad, ya que tiene la capacidad de entender). Esas cualidades, que usted pensaría que la mayoría de personas las tienen y si usted las posee, permítame darle una efusiva felicitación y asegurarle que tiene la capacidad de ser una persona feliz y realizada, pues hay mucha gente que no tiene estos privilegios, y a pesar de proyectar su vida en base a determinadas limitaciones, han sabido transformar lo aparentemente malo en un reto que han vencido, dándonos a todos un ejemplo de vida.

Ahora, añada aspectos individuales y únicos de su personalidad, que le hacen diferente de los demás. Si empezó a hacer esta lista, añada otra muy importante, tan importante, que representa el cincuenta por ciento del camino recorrido, que es el deseo de mejorar y el ánimo de actuar en el camino correcto, para alcanzar lo que necesita. Permítame garantizarle que todo lo que se proponga para su progreso personal será alcanzado en el momento que usted tenga clara la meta, el camino, sus recursos y, sobre todo, pueda enfocar su energía y su decisión en lo que desea.

A continuación, escriba las características de su personalidad que considera negativas; recuerde que las fallas se pueden corregir, que las cosas negativas se pueden convertir en positivas, que los obstáculos son trampolines que nos impulsan a alcanzar caros objetivos.

No hay que sorprenderse que otras personas encuentren características positivas y negativas, de las que uno mismo no se ha percatado; para enlistar las suyas puede ayudarse consultando a las personas que le rodean, sus padres, hermanos, amigos, compañeros, etc.

Se expondrá un ejemplo hipotético como una guía de este ejercicio (en anexos encontrará todas las tablas y matrices de cada uno de los ejercicios de autoayuda; además un glosario de términos que le apoyará en su lectura).

Danilo es un profesor de secundaria, una persona muy estricta consigo mismo y con sus estudiantes, normalmente está tensionado, quiere hacer las cosas perfectas, tiene frecuentes crisis depresivas, sin que haya un motivo aparente, se siente agotado todo el tiempo, tiene una familia, una esposa y una hija, a las cuales ama mucho, sin embargo, su comportamiento es irritable e intolerante en su hogar.

AUTOEXPLORACIÓN: Características positivas y negativas de la personalidad	
POSITIVAS	**NEGATIVAS**
- *Persona con todas las capacidades físicas** - *Persona con todas las capacidades intelectuales (inteligente)** - *Trabajador* - *Exigente (en extremo)* - *Responsable* - *Honesto* - *Fiel* - *Amo a mi familia* - *Perfeccionista ..., etc.*	- *Tristeza frecuente* - *Comportamiento social dominante* - *Falta de confianza en los contactos sociales* - *Intolerancia* - *Agresivo (en ocasiones)* - *Dificultad para socializar ..., etc.*

* Estas características, en el ejemplo las señalamos en forma general, pero conviene que en su ejercicio, las detalle.

Una vez que haya elaborado la lista, reflexione y seleccione los aspectos que desearía cambiar; no siempre serán cosas negativas. He escuchado a muchas personas decir "no quisiera ser tan sensible porque todos pueden hacerme daño". La sensibilidad no es un defecto; una persona sensible es muy inteligente y por su capacidad de percibir las cosas, vive con intensidad todo lo que siente, sea alegría o tristeza; pero si esta cualidad, da más problemas que satisfacciones, es necesario enfocarla y encaminarla de otra manera, sin llegar a perder su esencia, sino aprovechándola al máximo de la forma que más convenga.

Existen aparentes defectos que se pueden convertir en cualidades positivas y viceversa: cualidades positivas, mal encaminadas, que se convierten en defectos; por tal razón, se debe reflexionar profundamente, ya que nada se puede menospreciar, pues todo nos sirve a la hora de mejorar.

Siguiendo con el ejemplo, Danilo quisiera modificar las siguientes características:

1. *Exigente en extremo*
2. *Intolerante*
3. *Agresivo*
4. *Dificultad para socializar*

La siguiente tarea es empezar a transformar en positivo, uno a uno los aspectos de su personalidad que considere inadecuados, que le han traído problemas o que, definitivamente, no le convienen. ¿En qué circunstancias pueden transformarse en positivas las características que desea modificar?

Para esto va a escribir cada una de las características que consideró defectos y junto a estas, una o más circunstancias en las cuales este "defecto" puede ser útil y luego, en qué momento actuar con este "defecto" puede traerle problemas. Así:

<table>
<tr><td colspan="3" align="center">AUTOEXPLORACIÓN: Análisis de los "defectos"</td></tr>
<tr><td align="center">ASPECTO A MODIFICAR</td><td align="center">CUÁNDO ES ÚTIL</td><td align="center">CUÁNDO ES PERJUDICIAL</td></tr>
<tr><td>1. Exigente en extremo</td><td>- En el momento de corregir un error que se ha cometido.
- Cuando tenga la responsabilidad de impartir justicia como maestro.
- Cuando esté en riesgo la integridad o la vida de una persona o de mí mismo.
- Al tratar de no involucrar a otras personas en un problema.</td><td>- Cuando se es exigente en cosas que no tienen mayor importancia.
- Cuando se requiere una conducta espontánea.
- Cuando se requiere ser flexible para demostrar comprensión, interés o afecto.
- Cuando se espera que las personas que le rodean actúen en un ambiente cómodo y pongan en juego su propia iniciativa.</td></tr>
<tr><td>2. Intolerancia</td><td>- Ante las injusticias.</td><td>- En el contacto con niños, ancianos o personas que requieren una conducta flexible y comprensiva.</td></tr>
<tr><td>3. Agresividad</td><td>- Al defender la integridad y la vida de mi mismo u otras personas.</td><td>- En las relaciones familiares, laborales y sociales en general.</td></tr>
<tr><td>4. Dificultad para socializar</td><td>- Cuando tengo que compartir con grupos de personas que pueden ejercer una mala influencia en mis actuaciones, especialmente en etapas de vulnerabilidad.</td><td>- Cuando esta característica se mantiene todo el tiempo y se generaliza con todas las personas, en los entornos familiar, laboral o social.</td></tr>
</table>

Una vez especificadas las circunstancias útiles y problemáticas de cada uno de los que consideró "defectos", debe limitarse a utilizar cada característica de su personalidad, cuando le convenga. Ahora que es consciente de sus cualidades personales, es más fácil controlarlas. **Toda su conducta se da por su voluntad, usted es el que gerencia, guía, dirige y controla su propia actuación**[4].

Danilo, al igual que la mayoría de personas, considera que no puede controlar ciertas formas de comportamiento, esto lo hace angustiarse y puede desencadenar un estado depresivo. Al aprender a controlar y aprovechar estas características que considera negativas, en cualquier circunstancia que le toque vivir, le permitirá una vida más plena y feliz.

Inicialmente, requerirá de esfuerzo y paciencia ya que necesita autoobservar su comportamiento, analizar las circunstancias que se presentan y escoger la conducta

---

[4] "El hombre es el amo del pensamiento, forjador del carácter, creador y modelador de condiciones, entorno y destino" (Allen James, p. 9).

apropiada para cada una de ellas. Al hacer este auto análisis en forma continua, se acostumbrará a pensar convenientemente antes de actuar y, poco a poco, este proceso se convertirá en un hábito que lo realizará rápidamente y sin ninguna dificultad. Este ejercicio le permitirá aprovechar para su crecimiento personal todas las características que equivocadamente las consideraba "defectos" pero que, al controlarlas, se convertirán en cualidades que le ayudarán a mejorar su vida.

1.2   Circunstancias incómodas y nuestra conducta

> **Para desterrar el mal, no hay que combatirlo, sino trabajar enérgicamente en dirección al bien.**
> Nisargadatta Maharaj

El análisis de las cualidades personales puede ser difícil para algunas personas, por lo que analizar la conducta pasada, en circunstancias concretas, puede ser más fácil para conocerse a sí mismo. Así, el recordar y escribir circunstancias de su vida que le han incomodado o le han hecho sentir malestar, detallar muy bien su conducta ante esas situaciones, por ejemplo, agresión, ira, temor, tristeza, etc., describir el por qué asumió ese comportamiento, luego detallar la conducta que ahora considera debió ser la más acertada e indicar el por qué le ayudará mucho a controlar su conducta y a ensayar un comportamiento adecuado. Vamos a ilustrar este ejercicio con un ejemplo:

Héctor es un hombre soltero, tiene 18 años, vive con su madre, es el mayor de sus tres hermanos, estudia Administración de empresas en la Universidad y es un magnífico estudiante. Su padre se trasladó a trabajar fuera del país, en busca de mejores ingresos económicos para su familia; desde entonces, Héctor cumple el rol de padre para sus hermanos menores y es un apoyo para su madre, su hogar no tiene ningún problema económico, puesto que su padre envía el dinero suficiente para solventar todas las necesidades de la familia. En su vida social, Héctor se siente incómodo, manifiesta ser muy tímido, no así con su familia con la cual es muy alegre y se siente en confianza.

<table>
<tr><th colspan="2">AUTOEXPLORACIÓN: Circunstancias incómodas y nuestra conducta</th></tr>
<tr><th>PAUTAS DE ANÁLISIS</th><th>ANÁLISIS DE NUESTRA CONDUCTA</th></tr>
<tr><td>1. RECUERDE Y DESCRIBA UNA CIRCUNSTANCIA QUE LE HA INCOMODADO</td><td>En la facultad, dos compañeras lo abordaron una hora antes de ingresar a un examen, le pidieron explicación sobre un tema, que seguramente iban a tomar; él lo dominaba muy bien y hubiera podido explicarlo, pero se quedó callado por un tiempo que le pareció muy largo y luego dijo que no sabía nada, se alejó del lugar y posteriormente regresó para rendir el examen.</td></tr>
<tr><td>2. ¿CUÁL FUE SU ESTADO DE ÁNIMO Y SUS PENSAMIENTOS ANTE ESA SITUACIÓN?</td><td>Indica que fue muy tímido, que tenía la seguridad de saber, pero no podía concentrarse para explicarlo, no lo hizo por egoísmo, sabe que al explicar, el refuerza su conocimiento y no le perjudica en nada ayudar a otros, pero se ofuscó, se sintió observado, tal vez si decía algo y no le entendían quedaba muy mal, pensarían que es un presumido, si indicaba lo que sabe o que es un tonto, por no saber lo suficiente; sintió que debía decir algo y alejarse, así que dijo no saber nada y se fue.</td></tr>
<tr><td>3. ¿POR QUÉ CREE QUE ASUMIÓ ESTA CONDUCTA?</td><td>Indica que no está seguro de mostrarse como es, siente que le falta ser más desenvuelto con personas ajenas, no se siente en confianza para demostrar lo que sabe, no está seguro si su problema es una baja autoestima, porque sabe que es muy inteligente y responsable, el temor a que lo juzguen puede ser la razón, pero por qué le importa lo que piensen personas extrañas, tal vez porque quiere ser aceptado por ellas, le gustaría tener muchos amigos, novia, etc.</td></tr>
<tr><td>4. ¿CUÁL DEBIÓ SER SU CONDUCTA?</td><td>Piensa que debió tranquilizarse, hablar con sus compañeras, como cuando habla con sus hermanos, debió responder directamente las inquietudes que tenían y luego preguntarles si necesitaban más explicación.</td></tr>
<tr><td>5. ¿POR QUÉ, ESTA DEBIÓ SER LA CONDUCTA ADECUADA?</td><td>Manifiesta que él quería ayudarlas, quería conocer a sus compañeras y entablar amistad con ellas, también le gusta la materia de la cual le pedían explicación, por lo que hubiera sido muy satisfactorio ayudarlas, además que se considera una persona sin egoísmos, le gusta compartir, especialmente conocimientos, está consciente que cuando todos en su clase comprenden rápido, más rápido avanza el profesor y sabe que eso le conviene.</td></tr>
</table>

Al hacer este ejercicio, podemos dramatizar "la conducta adecuada" ante un espejo, para tener la seguridad de que tenemos preparada la respuesta para la próxima oportunidad en que se presente una circunstancia similar; incluso, después de varios ensayos, la persona puede sentirse tan segura, que la oportunidad la buscará ella misma.

Esta forma de exploración nos permite ir adoptando conductas que consideramos acertadas, con una fuerte y contundente justificación, a la que llegamos mediante nuestro propio análisis.

1.3 Autobiografía

> **El verdadero éxito consiste en descubrir quién eres, en lugar de calcular qué serás.**
> Franz Kafka

Otra forma de autoexploración que podemos poner en práctica es la autobiografía, describiendo nuestras actitudes hacia las circunstancias propias de nuestra vida, los sentimientos que desencadenaron determinadas actuaciones y como esas conductas llegaron a perjudicar o a resolver problemas.

Esta información, concientizada en el ejercicio, revelará cómo han ido madurando sus actuaciones, le permitirá llegar a conclusiones muy útiles para proyectarse hacia un equilibrio, sobre el cual puede basarse su conducta.

Para ilustrar este ejercicio, se expondrá un ejemplo:

Ximena, una mujer de 54 años, casada, elabora su autobiografía de la siguiente manera:

AUTOEXPLORACIÓN: Autobiografía

Mi infancia fue una etapa muy feliz, ya que fui hija única; mis padres siempre me dieron todo, nunca sufrí ningún tipo de privaciones, por eso me sentía muy alegre todo el tiempo, siempre que necesitaba algo, había alguien atento para ayudarme, por eso me acostumbré a pedir ayuda, incluso en cosas innecesarias; esto les satisfacía mucho a mis padres y yo también era feliz con ello; pedir me hacía sentir bien; en ningún momento llegué a considerar que era una molestia, ya que todos los adultos se disputaban mis peticiones. Me sentía importante, hermosa y actuaba de esa manera cuidando mucho mi apariencia física.

Debo admitir que era caprichosa y trataba de manipular a la gente; en este momento me doy cuenta que me gustaba ser el centro de atención y si por cualquier razón no lo era, caía enferma, a mi parecer, esto no era fingido, realmente yo me enfermaba.

Me casé a los 17 años, muy enamorada, era una sensación como de flotar en el aire, no escuchaba a nadie y no me importó la tristeza de mis padres, porque creí que eran egoístas y no me querían compartir con nadie; realmente me sentía un ser muy importante, más importante que los demás.

A partir del matrimonio, mi relación cambió, quise ser el centro de atención de mi esposo y de su familia, pero terminé con una enorme frustración; cuando exigía expresiones de cariño, me hacían sentir ridícula; en realidad me llegué a sentir una empleada doméstica de mi esposo, que tenía que rendir cuentas a su madre y hermanas, por su alimentación, formas de vestir y salud. Sentí, entonces, que toda la vida mis padres estuvieron equivocados y que yo no era más que una inútil, que no merecía ninguna clase de atención. Me embaracé de mi primer hijo y me sentí más fea aún; al nacer mi hijo, yo sencillamente desaparecí del mundo, seguidamente tuve mi segunda hija y entonces estallé, empecé a maltratar a mis hijos, sintiéndome después culpable; fui muy mala con ellos, me siento una mala madre, ellos crecieron y yo sigo frustrada, porque simplemente perdí mi identidad o tal vez nunca la tuve, no tengo el respeto de las personas y siento que nadie me quiere, realmente considero que soy una amargada.

Una vez redactada la autobiografía, hay que leerla y releerla, como si fuera de otra persona, es decir, con objetividad y lógica, "buscando errores y aciertos", lo que lleva a un mejor conocimiento de sí mismo.

En el ejemplo, Ximena, al leer su autobiografía, seguramente se dará cuenta de muchas vivencias que han ocasionado buenos y malos momentos, será consciente que desde su infancia fue cultivando un sentimiento de egoísmo, el mismo que, aparentemente, no ha cambiado, por eso su sensación de *amargura;* se dará cuenta que no tuvo nunca un acto de generosidad espontánea, esperó siempre recibir, nunca estuvo en sus planes dar. Se ocupó de su familia, obligada por las circunstancias, pero esto es también algo alentador, porque a pesar de su frustración, nunca dejó a sus hijos y a su esposo, lo que significa que hay valiosas cualidades ocultas que ahora deben hacerse conscientes, la perseverancia y su capacidad de amar, aun sintiéndose infeliz.

Puede darse cuenta del amor puro y verdadero que siente hacia sus hijos y esposo, sentimiento que no ha sabido expresar, pero que puede aprender a hacerlo, concientizará sus cualidades de nobleza y lealtad, que le han permitido mantener unida su familia.

Ahora, con el conocimiento de sus fortalezas y debilidades, puede aprender a disfrutar lo que ha construido, evitar o eliminar los errores y acrecentar los aciertos, lo que le ayudará a mejorar su vida.

CAPÍTULO II: BUSCANDO EL CAMINO

> **Todos tenemos dos cumpleaños**
> **El día en el que nacemos y el día en el que despierta nuestra conciencia.**
> Maharishi

En la práctica psicológica hay algunos caminos que el profesional toma en busca del bienestar de sus pacientes; a estos caminos los llamamos psicoterapia y del conocimiento técnico y destreza del psicólogo y, sobre todo, de la predisposición, compromiso y decisión del paciente, dependerán los resultados.

Al hablar de autoayuda, esta guía pretende que cualquier persona aplique para su provecho, la esencia de las terapias psicológicas.

El razonamiento, la sugestión, la relajación, son algunos de los recursos a los que podemos recurrir, a la hora de pretender un cambio en la conducta y el equilibrio emocional.

2.1 Cómo utilizar el razonamiento para nuestro propio beneficio: autopersuasión

> **Si deseas mejorar tus acciones mejora tus pensamientos.**
> Sivananda

Si nos ponemos a pensar, el razonamiento lo hemos utilizado muchas veces para generarnos sentimientos negativos, que nos hacen daño, como sentimientos de culpa, inferioridad, superioridad, derrota. Si encamina su razonamiento para la búsqueda de una conducta apropiada, que no le haga daño, ni haga daño a los demás y que le permita una mejor adaptación a su realidad, seguro optimizará un recurso, con el que todos contamos: la capacidad de **autocontrol**.

Tener un razonamiento positivo "es la tarea", el hecho de reconocerse como personas capaces, inteligentes, productivas, etc., en base a un análisis de su personalidad y sus acciones, así como encaminar aparentes características negativas de su persona y transformarlas en positivas, lleva a utilizar el pensamiento de una manera adecuada.

El razonamiento positivo que elabore sobre sí mismo debe apegarse siempre a la realidad, tener coherencia, obedecer a un orden lógico y poder ser aplicado positivamente en la práctica. Es importante tener en cuenta estas características a la hora de autopersuadirnos, ya que de lo contrario, podría ser perjudicial.

A continuación se ilustra con un ejemplo:

Un hombre de 19 años, de instrucción media, de bajos recursos económicos, obrero de una fábrica, perdió la vista, debido a la exposición inadecuada a un químico fuerte; los médicos le confirmaron que no volvería a ver, que en ninguna parte del mundo existía operación ni tratamiento que le haga recobrar la vista.

El razonamiento positivo ERRADO, que él se formuló fue el siguiente: *Realmente la vista no es un sentido que se utilice mucho. Sé que en otros países encontrarán solución a mi problema, creo que en Alemania o Japón podrán operarme, sacaré vacaciones y en un mes regresaré como si nada hubiera pasado.*

Este razonamiento NO ES POSITIVO, ya que es irreal, ilógico y conforme reconozca su realidad, en la práctica, generará un sentimiento de frustración, no querrá reformularse nuevos razonamientos, que en realidad le ayuden, se resistirá a ser optimista y a tener una actitud positiva ante la adversidad, puesto que pensará que puede hacerse daño al esperar cosas que nunca sucederán.

El razonamiento positivo, en este caso, podría ser:

<table>
<tr><td align="center">BUSCANDO EL CAMINO</td></tr>
<tr><td align="center">AUTOPERSUASIÓN: RAZONAMIENTO POSITIVO</td></tr>
<tr><td>Sé que la visión es importante, pero tengo la seguridad que puedo desenvolverme sin este sentido, muchos lo han hecho y han tenido la fortuna de desarrollar otros sentidos que les han permitido compensar el perdido, hacen su vida normal, igual que yo puedo hacerlo, pueden leer y escribir, ya que hay una técnica especial para ellos. Agotaré todas las posibilidades, para poder recuperar la vista, pero de no ser así, puedo seguir viviendo y ser feliz.
Recurriré a todas las instancias que pueda hacerlo y consultaré todas las opiniones profesionales que me sean posibles, intentaré todo lo que esté a mi alcance, pero sé que hay una alta posibilidad que me quede ciego, así que no perderé el tiempo y empezaré a capacitarme para poder seguir trabajando y haciendo mis cosas con independencia y alegría.</td></tr>
</table>

Como se ve, el **razonamiento positivo** se basa en la aceptación del presente, que en ese momento puede convertirse en una meta o en un reto que le ayudará a la persona afectada a una más rápida adaptación y a que su familia, amigos y entorno social lo vean como un individuo productivo, que puede ser independiente y dar mucho de sí a los demás, incentivándoles a no excluir e integrar a la sociedad a personas con diferencias físicas, creándoles un espacio en lo laboral, familiar y social.

Razonamientos errados, harán que se genere angustia, ansiedad, temor o un falso optimismo, que puede terminar en una gran frustración y una crisis depresiva, que será difícil de manejar.

Al hacer esta autoterapia, es muy importante tomar en cuenta la información sobre la realidad que se enfrenta, en la que se basa para razonar, contar con fuentes confiables, con conocimientos veraces y científicos, ser realistas, coherentes, lógicos y rechazar comentarios infundados, que son perjudiciales, ya que al tomarlos con seriedad y utilizarlos para autopersuadirse, se tendrá consecuencias negativas.

Se expone a continuación otro ejemplo:

María, una mujer de 18 años, estando embarazada, conforme se acercaba el momento del parto, empezó a desarrollar un temor exagerado al mismo, tanto que pasaba noches enteras llorando. Al indagar sobre este exagerado temor, María comentó que su madre, su suegra y sus amigas, le habían explicado lo doloroso que es el parto, que era lento e implicaba mucho sufrimiento y que hubieran preferido la muerte.

María analizó una y otra vez estas palabras como si fueran una gran verdad, no dio opción en su mente a que estos comentarios pudieran estar equivocados. Ella, sin saberlo, se autorrealizó una terapia de persuasión, con información equivocada, lo que llevó a afectar su salud mental.

Siempre se debe hacer lo acertado en base a información adecuada. Lo correcto y beneficioso para María hubiese sido buscar información científica actualizada, en libros o con profesionales especializados en el tema, obtener conocimientos reales del proceso del parto y el comportamiento en cada etapa, para optar por preparar su organismo y permitir que el parto sea un proceso fisiológico normal, razonar apropiadamente, tomar actitudes positivas, como realizar ejercicios y prepararse psicológica y físicamente para el parto, encaminándose a tener una hermosa experiencia.

La autopersuasión es un proceso de convencimiento de nosotros, hacia nosotros mismos, tratando de tener un punto de vista externo, correcto e imparcial, analizando los hechos sobre una base lógica, coherente y verdadera.

El razonamiento positivo o autoconvencimiento da resultados excelentes para cambiar conductas que se consideran inadecuadas; se lo puede utilizar para fijarse metas y objetivos, automotivarse para visualizar propósitos y llevarlos a la realidad. Ayuda a manejar y resolver conflictos, ya que permite analizar positivamente experiencias de vida, buscar alternativas para solucionar problemas y lograr una estabilidad emocional.

Todos pueden realizar autopersuasión, ya que es más fácil aconsejar que practicar lo que se predica y lo que se hace en este ejercicio es aconsejarnos a nosotros mismos, siguiendo un proceso riguroso de investigación, argumentación y convencimiento.

2.2 Autosugestión

> **No hay nada como imaginar para crear futuro.**
> **Lo que hoy es utopía mañana será realidad.**
> Julio Verne

No solo el razonamiento positivo puede ser beneficioso para el mejoramiento personal, sino que unido a él, un complemento perfecto para obtener mejores y más rápidos resultados consiste en aplicar la sugestión en uno mismo.

La sugestión consiste en repetir una frase que se considera apropiada y beneficiosa, en el momento y circunstancias en que se la necesita; se la repite en voz alta, como un dictamen o un decreto, una realidad o un hecho que ya ha sucedido, se lo hace sin mayor reflexión.

Realizar autosugestión, puede ser de utilidad para tener éxito en actividades importantes y que han sido programadas, por ejemplo, una entrevista de trabajo, la presentación de un examen, una competencia deportiva, una reunión con directivos de la empresa; para realizar una actividad nueva, como el primer día de clases, la asistencia a un trabajo diferente, el conocer gente nueva, un viaje, etc. Puede ser útil también para sugestionarse de que ciertas circunstancias, hechos o personas, van a producir una respuesta positiva en nosotros.

Veamos dos ejemplos:

Si alguien tiene problemas de discrepancia con una persona en el trabajo y eso le provoca una desadaptación laboral y siente que mutuamente no existe buena empatía; le será de mucha utilidad sugestionarse repitiendo continuamente la siguiente frase:

BUSCANDO EL CAMINO
AUTOSUGESTIÓN
La señora ... es una persona agradable, cordial y amable, le tengo mucho respeto, consideración y estima, me agrada su presencia y siento que también le agrada la mía.

Si alguien tiene una exposición de un tema importante en su trabajo o estudio y siente el temor de equivocarse, podría repetirse una frase como la siguiente:

BUSCANDO EL CAMINO
AUTOSUGESTIÓN
En este día, siento mucha lucidez, mi mente está despejada y tengo facilidad para concentrarme, las palabras fluyen espontáneamente y mi exposición es un éxito.

La sugestión puede ser más provechosa en estado de somnolencia, en la mañana inmediatamente después de despertarse, antes de salir totalmente del sueño o en la noche antes de que el sueño le invada y quede profundamente dormido/a o después de un ejercicio de relajación, le dará excelentes resultados escuchar por varias veces la grabación de un mensaje positivo.

Individualmente y de acuerdo a sus propias necesidades, se pueden diseñar los mensajes positivos para la autosugestión.

Se sugieren algunas frases:

Para la mañana

- Este es un día lleno de felicidad
- Hoy siento mucha alegría
- Me espera algo magnífico
- Hoy se presentará una gran oportunidad
- Soy un/a triunfador/a

Para la noche

- Estoy muy agradecido por este día
- Voy a descansar plácidamente y a renovarme totalmente durante la noche
- Siento gran satisfacción por lo alcanzado en este día
- Mi descanso será muy agradable y reparador, despertaré muy temprano con gran alegría y lleno de energía

Los resultados son mejores cuando el mensaje sugestivo se da posterior a un ejercicio de relajación, con cualquier técnica, como entrenamiento autógeno de Shultz, relajación muscular progresiva de Jacobson, de Lazarus, etc.

2.3 Relajación

> **Tómate un descanso; un campo que ha descansado da una cosecha generosa.**
> Publio Ovidio

La relajación muscular consiste en liberar la tensión del cuerpo, suavizando o aflojando todos los grupos musculares, hasta encontrar un total estado de reposo y alivio.

A continuación, se expondrá un ejercicio dirigido de relajación, que se ha perfeccionado durante la práctica; puede ser leído, grabado y utilizado diariamente, sin necesidad de la presencia del psicólogo.

Antes de iniciar la relajación (escuchar la grabación que la misma persona puede hacerla), debe ponerse en un lugar cómodo, en lo posible recostado/a, no cruzar piernas ni brazos, intentar no hacer puños, procurando que todos los músculos del cuerpo se apoyen y reposen sobre la cama, colchoneta o cualquier apoyo que esté utilizando para el ejercicio.

El contenido de la relajación que se recomienda grabar y practicar, es el siguiente:

En este momento me dispongo a descansar, nada de lo que está a mí alrededor me molesta o inquieta, me concentraré en las sensaciones que voy percibiendo en mi cuerpo. En este momento puedo visualizarme interiormente, puedo autoobservar como estoy recostado/a, cómo están dispuestos mis pies, mis piernas, mi espalda, tronco, tórax, abdomen, mis hombros, brazos, manos y dedos, mi cuello, cabeza y cara, pero en este momento, decido enfocar toda mi atención en los músculos de mis pies, toda mi atención está en ellos, voy a contar hasta tres y se sentirán totalmente relajados, flojos e intensamente pesados.

Uno, puedo visualizar y sentir los músculos de mis pies, en este momento no hay en ellos tensiones, molestias, malestar ni dolor, se sienten sumamente suaves y pesados.

Dos, mis pies se relajan mucho más, pesan tanto que las puntas caen a los lados, hay alivio en ellos y una pesadez extrema.

Tres, mis pies se han relajado completamente, están en reposo, no están soportando el peso del cuerpo, descansan con una agradable y profunda pesadez.

En este momento estoy tranquilo/a, respiro lentamente y sin ninguna dificultad, siento calma paz y serenidad, nada puede interrumpir este agradable descanso.

Ahora, la sensación de pesadez y agradable alivio llega a los músculos que están desde mis pies hasta mis rodillas, los visualizo interiormente, los siento y ahora empiezo a relajarlos. De la misma manera contaré hasta tres y la relajación será total, en esa parte de mi cuerpo.

Uno, los músculos que están desde los pies hasta las rodillas se sienten sumamente pesados, están flojos, empiezan a relajarse.

Dos, desde los pies hasta las rodillas ya existe una agradable relajación, son músculos en reposo, se sienten aliviados, están tan pesados que se hunden, siento un agradable descanso.

Tres, la relajación es total, en los músculos que están desde los pies hasta las rodillas siento una intensa pesadez, mi descanso es cada vez más profundo, reparador y reconfortante.

Calma, paz, serenidad, tranquilidad son las sensaciones que tengo en este momento, toda mi atención está en la relajación progresiva de los músculos que voy nombrando, siento un profundo alivio.

Toda mi atención se encuentra ahora, en los músculos que están desde mis rodillas, hasta mi cintura, los visualizo interiormente y empiezo a contar para alcanzar un agradable estado de relajación.

Uno, desde mis rodillas hasta mi cintura hay una sensación de pesadez, los músculos se dejan caer, son como toallas mojadas que caen al piso.

Dos, ya no hay contracturas, molestias, malestar ni dolor en los músculos que están desde mis rodillas hasta mi cintura, siento un profundo alivio y una agradable pesadez.

Tres, la relajación ahora es completa y los músculos que están desde mis rodillas hasta mi cintura pesan más que el plomo.

Respiro lentamente y sin ninguna dificultad y ahora siento que mi respiración fluye suavemente y sin ningún esfuerzo, estoy muy tranquilo/a, la pesadez del cuerpo me sumerge en un agradable descanso, siento infinita calma, estoy descansando.

Continúo con mi relajación y llego a los músculos de mi espalda, ya empiezo a sentir alivio en ella, empiezo a contar hasta alcanzar el máximo grado de relajación en esta zona del cuerpo.

Uno, mi espalda se siente aliviada, no hay padecimiento en ella, no hay ninguna contracción muscular, dolor ni molestia.

Dos, los músculos de mi espalda son flojos, se sueltan, están en reposo y yo descanso plácidamente.

Tres, mi espalda se ha relajado completamente, es una agradable pesadez, que me permite entrar en un completo y total reposo.

Nada puede molestarme en este momento, toda mi atención se encuentra en mi persona, en las sensaciones de mi cuerpo y me siento sano/a, aliviado/a, tranquilo/a. Mi paz es infinita y solo siento calma. La serenidad me envuelve y mi descanso es total.

Los músculos del tronco, tórax y abdomen también entran en este agradable estado, puedo sentir su suave movimiento con cada respiración.

Uno, tronco, tórax y abdomen son músculos que se liberan de tensiones, en ellos no hay molestias, malestar, ni dolor. Empiezo a sentir una agradable pesadez.

Dos, mi respiración es lenta, tranquila y fluye sin ningún esfuerzo, sin ninguna dificultad. Mi respiración es un movimiento sutil, casi imperceptible de los músculos del tronco, tórax y abdomen, que me ayuda a relajarlos.

Tres, los músculos del tronco, tórax y abdomen, se han relajado totalmente, es una agradable y profunda pesadez la que estoy sintiendo.

Esta profunda calma, me permite descansar, nada me preocupa o inquieta, estoy sumido/a en un estado de paz, la atención hacia mi organismo es tan intensa, que puedo sentir incluso el latido de mi corazón.

Mis hombros, brazos, codos, antebrazos, manos y dedos, también empiezan a pesar.

Uno, los músculos de mis hombros, brazos, codos, antebrazos, manos y dedos, son los músculos en los que mejor puedo sentir la relajación, están flojos, tanto que la sensación es como si fuesen de trapo.

Dos, siento total alivio, los músculos de mis extremidades superiores, desde mis hombros, hasta la punta de mis dedos, son agradablemente pesados y flojos.

Tres, no hay molestias, dolor, ni malestar, en los músculos de mis hombros, brazos, codos, antebrazos, manos y dedos. La sensación es de profunda relajación.

Todo mi cuerpo, está agradablemente pesado y la sensación es de calma, paz, tranquilidad, serenidad y profundo descanso.

Mi cuello, cuero cabelludo, frente, ojos, nariz, boca, mejillas, y barbilla empiezan ahora a soltarse.

Uno, cuello, cabeza y cara son grupos musculares que están aliviados; en mi cuello no hay tensiones, mi cuero cabelludo está en total reposo, mi frente no está fruncida ni arrugada, mis ojos están suavemente cerrados, mis pómulos no están tensionados, mis labios no están apretados y siento un profundo descanso.

Dos, los músculos del cuello, cabeza y cara, se han relajado completamente, están suaves, flojos y se sienten liberados.

Tres, cuello, cabeza y cara se han relajado totalmente, mi mente está despejada y agradablemente fresca. La relajación es total.

Todo mi cuerpo, desde mis pies hasta mi cabeza está sumido en un profundo estado de relajación, nada me molesta ni preocupa.

Contaré de diez a uno y alcanzaré el máximo estado de relajación:

Diez, mi pesadez es profunda.

Nueve, el reposo que siento es placentero.

Ocho, estoy renovándome interiormente.

Siete, siento infinito alivio.

Seis, tengo la sensación de haberme liberado de una enorme carga.

Cinco, siento paz, alivio y calma.

Cuatro, nada puede alterarme ni molestarme.

Tres, tengo total autocontrol.

Dos, siento infinito bienestar.

Uno, he completado el ejercicio y siento total satisfacción por ello.

Contaré hasta tres, y saldré de este estado, con una agradable sensación de infinita paz.

Uno, mis músculos ya no pesan.

Dos, puedo empezar a moverlos.

Tres, abro los ojos.

Después de terminar la relajación de los grupos musculares, antes de contar de diez a uno, puede incluirse un mensaje apropiado a las necesidades de la persona, por ejemplo, de confianza en sí mismo, de cambios comportamentales específicos, de cambios de estado de ánimo, etc.

Es importante aprender técnicas de relajación, se recomienda la que antecede, inicialmente con ayuda de una grabación y, posteriormente, realizarla sin ella, en cualquier posición, a cualquier hora del día y en un corto tiempo.

2.4   Desensibilización sistemática

Haciendo lo que tememos, disolvemos nuestro temor.

Emerson

Esta técnica psicológica es de mucha utilidad al tratar de vencer temores excesivos o fobias[5] a determinadas cosas o situaciones. Para lograr autoayuda con esta técnica, se utilizará, en primera instancia, las técnicas de relajación y de autosugestión (antes estudiadas) y luego se seguirán las siguientes orientaciones:

1. Especifique, claramente y por escrito, lo que desea cambiar, sea esto temor, ansiedad u otra alteración emocional, ante un determinado estímulo, situación, cosa, animal o persona.

2. Haga una lista de cinco experiencias en las que se presenta o involucra al objeto de su fobia o temor y califique a cada una de ellas con una escala de 1 a 5. La más tolerante con 1 y la más angustiosa e insoportable con 5.

3. Realice una recreación verbal (y escrita) muy detallada, en la que se sugestione, venciendo la experiencia que le molesta y ejecutándola sin ningún temor. Esto para cada una de las circunstancias, empezando por la que calificó con 1, grábela (para escucharla más adelante).

Para iniciar con la autoterapia, primero escuche la grabación de relajación (antes sugerida), seguidamente escuche la grabación de la recreación verbal (sugestión) en la que vence la experiencia que le ocasiona temor y que la calificó con 1, hágalo todos los días, durante una semana (mínimo cinco días); al terminar, propicie en la vida real la experiencia que ha recreado y escuchado, adoptando el estado emocional (conforme a la grabación), de total dominio y autocontrol.

Posteriormente, haga lo mismo con la segunda experiencia, escuche la relajación y posterior sugestión por cinco días y llévela a la vida real; seguirá su terapia con la tercera experiencia, la cuarta y, finalmente, la quinta, bajo las mismas condiciones.

A continuación, se ilustra este ejercicio con un ejemplo:

Maribel, de 33 años, es una mujer soltera, que se desempeña como contadora en una empresa privada. Debido a sus méritos, la misma empresa le propone que desempeñe su trabajo en otro país, le ofrecen algunos beneficios, entre ellos una mejora salarial considerable. A Maribel le conviene este cambio, en todos los aspectos, económico, familiar, social, etc., pero está pensando no aceptar, porque tiene miedo a viajar en avión (fobia a las alturas) y requerirá viajar doce horas para llegar a su destino.

Maribel realiza su autoterapia de la siguiente manera:

---

[5] "El miedo que paraliza y deprime es el miedo neurótico que impide la acción. Se trata de un sentimiento que sintoniza con viejas tensiones y heridas no resueltas" (Doria, José, p. 57).

<table>
<tr><td colspan="2" align="center">BUSCANDO EL CAMINO: DESENSIBILIZACIÓN SISTEMÁTICA</td></tr>
<tr><td colspan="2"> ALTERACIÓN EMOCIONAL A CAMBIAR: Fobia a las alturas (temor a viajar en avión)</td></tr>
<tr><td align="center">EXPERIENCIAS EN LAS QUE SE PRESENTA</td><td align="center">SUGESTIÓN</td></tr>
<tr><td>1. Un punto:
Transportarse por escaleras eléctricas.</td><td>Estoy en el centro comercial, me dispongo a realizar las compras para esta semana; necesito sacar dinero del banco, pero el banco está en el siguiente piso, frente a las escaleras eléctricas, debo tomarlas para llegar al banco; me siento inquieta, pero sé que puedo, miro a todas esas personas que lo hacen con naturalidad, solo debo fijarme en pisar entre las líneas que están señalando a las gradas; me dispongo a hacerlo, me paro al frente, no lo pienso más, ya empecé a subir, me sostengo en el pasamano, estoy subiendo, me siento muy contenta, lo estoy haciendo, lo he vencido, me siento bien; se acerca el final de las escaleras, estoy pendiente, me alisto, extiendo mi pierna, primero la izquierda, después la derecha, ya salgo de las gradas, lo pude hacer, lo vencí, lo logré.</td></tr>
<tr><td>2. Dos puntos:
Utilizar ascensores con paredes transparentes.</td><td>*</td></tr>
<tr><td>3. Tres puntos:
Asomarse por un balcón o terraza, de un piso alto de un edificio.</td><td>*</td></tr>
<tr><td>4. Cuatro puntos:
Viajar en un avión de una ciudad a otra por 30 minutos.</td><td>*</td></tr>
<tr><td>5. Cinco puntos:
Realizar viajes en avión por más de 30 minutos.</td><td>*</td></tr>
</table>

* Se debe realizar la sugestión correspondiente para cada una de las experiencias y luego llevarla a la práctica.

Maribel escuchó su primera sugestión, después del ejercicio de relajación, por cinco días, y luego la llevó a la práctica, acudiendo a un centro comercial y subiendo las escaleras eléctricas.

Vencido el primer reto, que es la primera experiencia que ha anotado, se hará lo mismo con las siguientes, hasta alcanzar el objetivo.

Lo importante en este ejercicio es la perseverancia.

2.5 Terapia aversiva

> **Cuando ya no somos capaces de cambiar una situación, nos encontramos ante el desafío de cambiarnos a nosotros mismos.**
> Viktor Frankl

Otra forma de controlar nuestra conducta es lo que en psicología llamamos terapia aversiva, que podría realizarse como autoayuda, con el objetivo de extinguir conductas negativas.

La terapia aversiva consiste en asociar la conducta indeseable a algo desagradable, con el fin de crear un rechazo a la conducta por la intolerancia al estímulo aversivo al que se le ha vinculado, utilizando esta asociación en todo tipo de experiencia que involucre a la conducta.

Para utilizar esta técnica, previamente se debe estar seguros/as y convencidos/as de los beneficios de no tener la conducta que se trata de extinguir.

Como en todas las técnicas anteriores, debe ser perseverante.

A continuación un ejemplo:

Xavier, un chico de 22 años, terminó con su novia, de quién estaba muy enamorado. Inmediatamente después, ella contrajo matrimonio con otro hombre y esto hizo que Xavier se sumerja en un estado de melancolía permanente, ingiera alcohol, falte a clases, se aleje de su familia y pierda su trabajo.

Al preguntarle, el porqué de esta actitud, respondió, que no podía olvidar a su ex novia, que todo le recordaba a ella, que esto era inevitable.

La respuesta y condición de Xavier, implicaba que para su tranquilidad y salud mental, debía olvidarse de su ex novia, para lo cual, primero se fijó esa meta, decidió que este recuerdo no le aportaba nada positivo a su vida, estaba consciente que en ese momento no podía entender ni analizar razones sin hacerse daño ya que no tenía la madurez y sabiduría para aceptarlo y, mientras esto ocurra, no podía ver como su vida se caía a pedazos. Se realizó la terapia aversiva de la siguiente manera:

Buscó un estímulo desagradable, con el que asociaría su conducta; conociendo que era intolerante al aroma del hervor de la coliflor, que le ocasionaba una sensación de náusea y molestia total. Se comprometió a utilizarlo, envasó el líquido obtenido del hervor de la coliflor, en una botella pequeña, para llevarlo a todas partes y en todas las ocasiones que su mente evocaba recuerdos de su ex novia, percibía el olor de la botella.

Paulatinamente, Xavier logró ir asociando sus recuerdos amorosos, dañinos a la sensación de molestia y malestar que ocasionaba el olor de la coliflor. Al inicio se vio obligado a soportarlo muy seguido, lo que hizo que tratara de evitar al máximo sus recuerdos, para no tener la desagradable sensación; al cabo de algún tiempo, lo utilizaba esporádicamente, hasta que dejó de hacerlo, cuando no había más pensamientos autodestructivos en su mente.

La razón del éxito de Xavier, no es solo el hecho de utilizar la técnica, sino su decisión de dejar de sufrir, que lo hizo disciplinado en su uso.

2.6 La sublimación

> **Lo importante no es lo que sucede sino como lo interpretamos.**
> Lair Ribeiro

Para cambiar conductas negativas es provechoso, canalizar la energía que se emplea en su consecución para otra actividad que sea provechosa. Por ejemplo, podemos conseguir el autocontrol de la ira con el ejercicio físico o de la tristeza con la pintura u otra actividad artística, con la que seamos afines. La agresividad puede canalizarse hacia el canto, el baile y así podemos ir substituyendo desgastes de energía nocivos y perjudiciales, por "desgastes" de energía constructivos y provechosos. Esto se conoce como sublimación y la podemos hacer conscientemente y a voluntad, de acuerdo a nuestras necesidades.

Veamos un ejemplo, de ejercicio para control de la ira.

Al tener una alteración emocional como la ira, nuestro organismo físico también se altera, la respiración se acelera y aumenta la tensión muscular, el mayor tono muscular, puede incluso provocar dolor. Para controlar esta alteración negativa de nuestras emociones, primero debemos tratar de controlar estos síntomas y, para esto, debemos reconocerlos.

Es común acostumbrarse a la tensión muscular y no percatarse de su presencia, hasta sentir un dolor muy fuerte, que le incomoda, en la espalda, cuello, cabeza o en cualquier parte del cuerpo.

Empiece el ejercicio, reconociendo la tensión que existe en sus músculos; si usted está recostado, sentado o parado, note que requiere de la tensión de un grupo muscular para mantener su posición específica. Si usted tiene algo en las manos, tal vez sus codos están algo levantados, sin ningún apoyo o con mínimo apoyo y sus manos y dedos están ejerciendo un poco de presión, su cabeza tal vez está inclinada, su columna seguramente no está derecha y si se acerca a un espejo podrá ver en su rostro algún gesto que no es natural, como frente fruncida o labios apretados. Seguramente usted no se ha detenido nunca a realizar esta autoobservación, peor aún, analizado las sensaciones que tiene en su cuerpo, porque generalmente nos sumergimos en la actividad que estamos haciendo, sin percatarnos si nuestro cuerpo está o no cómodo.

Seguidamente, realice lo siguiente:

Despójese de cualquier prenda de vestir que le ajuste, no utilice sus zapatos, recuéstese boca arriba, sobre una superficie plana, no cruce sus piernas, deje que los brazos caigan a los lados y sus manos se ubiquen con las palmas hacia abajo, todo su cuerpo debe estar apoyado, sus piernas deben descansar totalmente sobre la superficie en la que realiza el ejercicio, sus pies deben soltarse, tanto que las puntas caigan a los lados, no levante la cabeza; el cuello y la espalda deben estar en una posición muy cómoda.

Ahora, cierre los ojos, concéntrese en su respiración, trate de pausarla al máximo, inhale mientras mentalmente cuenta hasta tres, retenga el aire en su cuerpo contando otra vez hasta tres y exhale lentamente, contando esta vez hasta cinco.

Repita este ejercicio de respiración por cuatro ocasiones. Note que al exhalar los músculos del cuerpo se aflojan automáticamente.

A continuación, abra los ojos, inhale, retenga el aire, mientras lo hace, con sus dos manos haga puños fuertemente, levante los puños y llévelos hacia los hombros, encoja sus hombros y trate de tocar con ellos sus oídos. En esta posición cuente hasta tres y luego exhale, expulsando el aire con fuerza, de golpe, como si diera un fuerte grito silencioso, en el que se puede escuchar la salida del aire de su cuerpo, soltando sus hombros, dejando caer sus brazos y aflojando los dedos de las manos. Haga este ejercicio por tres ocasiones, descanse unos segundos entre uno y otro ejercicio y luego continúe incluyendo más grupos musculares como a continuación se detalla.

Vuelva a la posición inicial, suelte todo su cuerpo y déjelo reposar, inhale nuevamente, retenga el aire, mientras repite el ejercicio anterior (puños, hombros, etc.), pero además, haga puños con los dedos de los pies, doble las rodillas, llévelas hacia su abdomen, ponga su abdomen duro, como si fuera a prevenir un golpe, deje sus pies en el aire (no los levante tanto, como para no permitir que se doblen las rodillas), cuente hasta tres y exhale de golpe y con fuerza, aflojando todos los músculos que contrajo, déjelos caer libremente, descanse por unos segundos y repita el ejercicio por dos ocasiones más, luego compleméntelo con los músculos de cuello, cabeza y cara, como se describe a continuación.

Regrese a la posición de calma y relajación, recuéstese sin ejercer tensión en ninguno de los músculos, inhale suavemente, retenga el aire en su cuerpo; mientras lo hace, repita el ejercicio anterior (puños, hombros, pies, rodillas, abdomen, etc.), además, levante su cabeza y cuello, clave su mentón en el pecho, tensione músculos faciales, cierre fuertemente sus ojos y apriete sus labios, frunza la frente y nariz y tensione sus pómulos; en esta posición cuente hasta tres y exhale con fuerza, soltando libremente todos los músculos, dejando caer su cabeza con suavidad. Descanse unos segundos y realice el ejercicio hasta completar tres veces.

Este adiestramiento, que algunos autores lo utilizan también como una técnica de relajación, tiene una indiscutible utilidad como ejercicio de desahogo, la puede utilizar para el control de la ira o para cuando está muy reprimido, tanto que resulta difícil un desahogo como el llanto u otra expresión de sentimientos; también cuando se siente cargado después de un día pesado, con demasiado trabajo o se ha contrariado, resentido, avergonzado o incomodado.

Se recomienda, realizar este ejercicio todas las noches, antes de dormir, hasta controlar la alteración emocional que le molesta. Le ayudará a conciliar el sueño y, sobre todo, a desahogarse.

En este ejercicio, así como en todos los que se han recomendado, debe adaptar las orientaciones a su estado personal, agregando, cambiando o eliminando, todo lo que crea necesario para su caso individual, manteniendo la esencia de las técnicas.

CAPÍTULO III: VENCIENDO OBSTÁCULOS

> **Hay caídas que sirven para levantarnos más sabios y felices.**
> Shakespeare

Todo lo que se proponga puede lograrlo, pero no siempre es fácil, dependerá del arraigo de las conductas que deba cambiar y de las actitudes que tome para lograr el cambio. Generalmente se conjugan una serie de obstáculos, la mayoría de veces creados por uno/a mismo/a. Los estudiaremos a continuación:

3.1 Falta de perseverancia

> **No hace falta empujar a la vida. Cuando el esfuerzo es necesario, la fuerza emerge**
> Nisargadatta

Mantener la perseverancia, muchas veces, es el principal obstáculo. Si realiza una actividad de mejora, como algo extra, fuera de su rutina, esta se convierte en un esfuerzo adicional y termina por cansarle, antes de alcanzar su objetivo. En cambio, si la actividad se incluye en la rutina diaria, reorganizando sus demás actividades, logrará acostumbrarse a la nueva, sin cansarse.

Por ejemplo, cuando se propone hacer ejercicios y decide salir a trotar todas las mañanas, pero lo hace como una actividad extra, puede provocar que llegue tarde a su trabajo o que sacrifique horas de sueño o que deje de realizar otra actividad que le complace, como regar sus plantas, leer un libro, orar, etc., poco a poco, se sentirá desanimado/a por esta nueva actividad y la abandonará. Pero si la actividad la incluye en su rutina de todos los días reorganizando su tiempo, la realizará sin mayor sacrificio.

Para lograr esto, describa su rutina diaria, especificando el tiempo que se demora en cada actividad. Luego incluya la nueva actividad, reorganizando el tiempo, de acuerdo a sus prioridades y conveniencias.

Por ejemplo: *Rita, quiere incluir treinta minutos de trote a su rutina diaria; le resulta difícil pues trabaja, atiende a un niño de diez años y hace otras actividades.*

La descripción que hace de su rutina diaria es la siguiente:

VENCIENDO OBSTÁCULOS: Falta de perseverancia	
RUTINA DIARIA EXISTENTE	
HORARIO	**ACTIVIDAD**
5:30 a 6:00	*Aseo de su casa, despertar a su hijo para que acuda a la escuela.*
6:00 a 6:20	*Sirve el desayuno a su hijo y luego lo acompaña hasta que tome el transporte a la escuela.*
6:20 a 7:00	*Se alista para el trabajo.*
7:00 a 7:15	*Desayuna.*
7:15 a 8:00	*Traslado a su trabajo.*
8:00 a 17:00	*Trabajo en su oficina.*
17:00 a 17:30	*Retorno a su hogar.*
17:30 a 18:30	*Revisión de los deberes de su hijo.*
18:30 a 19:15	*Preparación de alimentos, incluida colaciones.*
19:15 a 20:00	*Merienda.*
20:00 a 21:30	*Cualquier actividad recreativa como ver televisión.*
21:30 a 05:30	*Descanso nocturno.*

Si Rita requiere incorporar treinta minutos de trote a su rutina diaria, puede reorganizar su tiempo, haciendo en la noche tareas que hace en la mañana. Por ejemplo, el aseo de la casa es una actividad que la puede realizar en la noche.

VENCIENDO OBSTÁCULOS: Falta de perseverancia		
RUTINA DIARIA PROPUESTA		
HORARIO	**ACTIVIDAD EXISTENTE**	**ACTIVIDAD PROPUESTA**
5:30 a 6:00	*Aseo de su casa, despertar a su hijo, para que acuda a la escuela.*	**Trotar**, *despertar a su hijo, para que acuda a la escuela.*
20:00 a 20:30	*Cualquier actividad recreativa como ver televisión.*	***Aseo de su casa.***
20:30 a 21:30		*Cualquier actividad recreativa como ver televisión.*

Con esta reorganización, Rita en la mañana puede despertar a su hijo y salir a trotar, luego proseguir con su rutina establecida, reorganizando su tiempo, para el aseo de su casa, en la noche.

Debe dejar que el día fluya normalmente, sin sentir que está realizando una actividad adicional, que le pueda llegar a agotar; por el contrario, puede sentir los beneficios del nuevo programa al que se acostumbrará con facilidad.

El secreto de ser persistente es **incluir la actividad nueva, al ritmo de su vida**, hacerla parte suya, aceptarla, acogerla y realizarla con alegría.

3.2 Resistencia al cambio

> **Solo cerrando las puertas detrás de uno, se abren ventanas del porvenir.**
> Safo de Lesbos

Lo más difícil al ser humano es cambiarse a sí mismo, se adapta a sus errores y limitaciones, tanto que llega a justificarlos y pretende que los demás también lo justifiquen. Sin embargo, critica duramente las faltas de las demás personas y exige cambios en ellas[6]. El solo pensar en cambiar hace que usted se arme con argumentos que pueden parecerle muy válidos, pero que en los demás los vería como pretextos y cree que esto le da licencia para ser como es, resultando difícil admitir sus errores. Es muy flexible con su persona e intolerante con el resto, acostumbrándose al "irrespeto".

Las personas adultas, especialmente las que se relacionan con la educación, como padres, maestros o tutores, muchas veces buscan actitudes perfectas (desde su punto de vista) en las personas que están a su cargo. No hay padre que no aspire ver a sus hijos como excelentes estudiantes, responsables, respetuosos, dedicados, desenvueltos, generosos, etc. Para aspirar a esto, lo primero, es preguntarse si uno es perfecto. Si la respuesta es negativa, debemos aceptar que soy la primera persona a la que hay que cambiar, para luego promover en los demás, las actitudes positivas que hemos adquirido[7].

La solución no radica en cambiarse mutuamente, a través de críticas, castigos o exigencias, sino en ser justo/a con usted mismo/a, aceptar sus errores y dejar de poner pretextos para trabajar en su mejoramiento personal, lograr una realización personal, evidenciada por una vida plena y feliz, con relaciones humanas saludables, en las que exista un profundo respeto y no tenga que buscar una posición de superioridad para sentirse mejor o importante, fabricándose una falsa seguridad que procura aparentar con el resto de personas.

3.3 Culpar a otros o a las circunstancias

> **Acusar a los demás de los propios infortunios es un signo de falta de educación.**
> **Acusarse a uno mismo demuestra que la educación ha comenzado**
> **No acusarse uno mismo, ni acusar a los demás demuestra que la educación ha sido completada.**
> Epicteto

Es frecuente que los obstáculos que encontremos los atribuyamos a responsabilidad de otras personas, cosas, circunstancias, etc. Se escucha asiduamente expresiones como:

---

[6] Jesús nos dice: "¿Qué pasa? Ves la pelusa en el ojo de tu hermano ¿y no te das cuenta del tronco que hay en el tuyo?" (Mateo 7: 3).

[7] Y continúa Jesús: "¿Cómo puedes decir a tu hermano: "Hermano, deja que te saque la pelusa que tienes en el ojo", si tú no ves la viga en el tuyo? Hipócrita, saca primero la viga de tu propio ojo para que veas con claridad, y entonces sacarás la pelusa del ojo de tu hermano (Lucas 6: 42).

No puedo ser considerado con mis hijos, porque abusan.

Me gustaría ser puntual, pero la gente me dejaría esperando.

Quisiera tener el hábito de levantarme temprano, pero el clima de esta ciudad es tan impredecible que no sé si lloverá.

Sé que está mal mentir, pero todos lo hacen.

Debe ser consciente que su conducta es exclusivamente de su responsabilidad y no responsabilidad del resto; no depende de las circunstancias que le rodean, ni de las que le toque vivir en determinado momento[8]; debe aceptar que el control de sus actitudes, está en sus manos[9] y si es necesario, trabajar en su cambio.

Cuando se piensa que determinada circunstancia o característica (propia o de otros) es un impedimento, se construye una barrera que hará difícil alcanzar lo que necesita o desea. Por esta razón, no debe ver los obstáculos como inconvenientes, sino como impulsos, que le retan y motivan a perseverar con mayor fuerza, convirtiendo las que piensa son debilidades en fortalezas.

Seguro, que usted diariamente, encuentra muchos ejemplos como el siguiente:

Pablo, es discapacitado, no puede caminar desde los ocho años de edad, debido a un accidente de tránsito. A lo largo de su vida, encontró barreras de todo tipo, incluso cosas sencillas que pasan desapercibidas para cualquiera de nosotros, como no poder acceder a residencias o edificios con gradas; por eso, después del accidente dejó de ir a la escuela y de visitar a personas cercanas como abuelos y tíos. Pudo fácilmente caer en una depresión, pero con la inocencia y sencillez propia de la niñez, sin culpar a los demás ni a las circunstancias, pensó que debía ingeniarse algo para no privarse de nada. Con ayuda de sus padres, confeccionó rampas portátiles, se inventaron claves, adaptaron puertas, pidieron ayuda a los demás, para que le faciliten su vida normal, como jugar con sus amigos, visitar a las personas que quería y asistir a la escuela para aprender.

Actualmente es un exitoso comerciante, que da trabajo a otras personas, su condición económica es muy buena y lleva una vida normal y más activa que muchos de nosotros, acude a fiestas, baila, nada, maneja, hace ejercicios, juega basket y además da apoyo emocional a las personas que acaban de adquirir una incapacidad física, motivándolas a llevar una vida normal. Fue presidente de una asociación de personas con discapacidad hace muchos años y no ha dejado de ser miembro activo de la misma.

¿Cómo una persona con evidentes "obstáculos" puede hacer trabajo voluntario y dar ayuda social?

¿Cómo puede ser tan próspero y vivir feliz?

¿Cómo llegó a ser un estupendo ser humano, tanto que su ejemplo es motivador?

---

[8] "Ninguna cosa que de fuera entra en la persona puede hacerla impura; lo que hace impura a una persona es lo que sale de ella ... Los pensamientos malos salen de dentro, del corazón: de ahí proceden la inmoralidad sexual, robos, asesinatos, infidelidad matrimonial, codicia, maldad, vida viciosa, envidia, injuria, orgullo y falta de sentido moral. Todas estas maldades salen de dentro y hacen impura a la persona" (Marcos 7: 15, 21, 22, 23).

[9] "Toma tu vida en tus manos y ... ¿Qué sucede? Algo terrible: no hay nadie a quien culpar" Erica Jong.

Pregúntese, **¿cuáles son sus "obstáculos"?** y por qué le detienen o le han estancado tanto tiempo, se dará cuenta que todos son superables y que todos los problemas tienen solución.

3.4 Olvidar nuestra esencia

El que sufre antes de lo necesario sufre más de lo necesario.

Séneca

Hay impedimentos que son fruto de inmadurez, como la vergüenza, ira, temor, culpa, ambición, comodidad, pereza, envidia, etc. Son impedimentos que solo existen en la mente de la persona, pero que le llevan a la derrota; piensa que son parte de usted, pero en realidad son adquiridos. En algunos casos, han sido sentimientos positivos que ha distorsionado. Por ejemplo: la envidia es una distorsión de la admiración, la vergüenza una exageración de la prudencia, el temor una desviación del respeto, etc.

Es muy provechoso liberarse de pensamientos y sentimientos que le perjudican, que impiden su desarrollo positivo como ser humano. No nació con estas impresiones negativas, no las heredó, **no le pertenecen** y al despojarse de ellas, volverá a su esencia, donde se sentirá, libre, seguro/a y feliz.

Piense en algunas características de los/as niños/as: afectuosos, animados, audaces, hermosos, dichosos, entusiastas, cautivadores, llenos de energía, alegres, inteligentes, sencillos, honestos, sinceros, solidarios, se satisfacen con pequeñas cosas, miran con admiración lo que les rodea, siempre sorprendidos, siempre deslumbrados. Todos/as tenemos estas características en nuestro interior, porque todos/as fuimos niños/as, simplemente, debemos dejar que afloren.

Las relaciones interpersonales basadas en la competencia, el deseo de tener lo mismo o más que los demás; el falso concepto de alcanzar el éxito acumulando cosas materiales[10]; el absurdo hábito de mantener las apariencias; la meta errónea de tener poder para sentirse superior a los demás[11]; falsos prejuicios; la ilógica idea de acumular títulos académicos para ser reconocidos como inteligentes y no de conocimiento para ayudar a los demás[12], son algunas de las razones por las que esas maravillosas características que tuvo en la niñez pasaron a segundo plano, están ahí, pero ya no las utiliza, ahora fabrica otras, como: ansiedad, agresividad, tristeza, ira, resentimiento, rencor, envidia, avaricia, egoísmo, miedo, desconfianza, etc. Características que han servido para dar origen a un sinnúmero de enfermedades, algunas crónicas y otras catastróficas. O solo han logrado que no consiga ser feliz.

---

[10] "¿Qué cosa es tu fortuna? ¿No es acaso una materia perecedera y pasajera que tú atesoras en tus manos y que cuidas con tantos desvelos, temeroso de necesitarla el día de mañana?" (Gibran, 1991, p. 56).

[11] "No debe considerarse a un ser humano mejor que otro solo por haber acumulado riqueza o autoridad" (Dyer, 1993, p. 104).

[12] "Hay hombres que dan un poco de lo mucho que poseen. Y si lo hacen es al solo efecto de ganar fama y galardón. En sus deseos íntimos y codicias, pierden el mérito de su caridad, por el prurito de la vana celebridad" (Gibran, 1991, p. 56).

Es muy importante volver a ser niño/a[13], volver a su verdadera identidad; es una experiencia liberadora de todos esos sentimientos negativos que se adquieren, que son una carga pesada, que le hacen daño y hacen daño a los demás. Esos sentimientos le llevan a la soledad, pobreza y amargura.

La oración de la Paz de San Francisco de Asís es una invitación a aflorar su verdadera identidad, a sentir que puede transformarse, mejorar su vida y la de los demás:

Hazme instrumento de tu paz

Señor, haz de mi un instrumento de tu paz.
Que allá donde hay odio, yo ponga el amor.
Que allá donde hay ofensa, yo ponga el perdón.
Que allá donde hay discordia, yo ponga la unión.
Que allá donde hay error, yo ponga la verdad.
Que allá donde hay duda, yo ponga la fe.
Que allá donde hay desesperación, yo ponga la esperanza.
Que allá donde hay tinieblas, yo ponga la luz.
Que allá donde hay tristeza, yo ponga la alegría.

Oh Señor, que yo no busque tanto ser consolado, cuanto consolar, ser comprendido, cuanto comprender, ser amado, cuanto amar.

Porque es dándose como se recibe, es olvidándose de sí mismo, como uno se encuentra a sí mismo, es perdonando, como se es perdonado, es muriendo como se resucita a la vida eterna.

3.5   Sentimientos negativos hacia los demás

Lo que se necesita mejorar no es el Universo, sino su modo de mirarlo.
Lama Dirhavansa

Los seres humanos somos eminentemente sociales, necesitamos unos de otros, para poder satisfacer todas nuestras necesidades. **La felicidad de las personas que nos rodean, permite alcanzar nuestra realización personal y felicidad**[14], sin embargo, la mayor parte del tiempo es imperceptible y no nos percatamos de esta condición, sino hasta la vejez o tal vez nunca. Actuamos en forma egoísta, procurando todo para nosotros/as mismos/as, sin dar lugar al desarrollo de los otros/as, incluso pisoteando a los demás.

---

[13] "Jesús llamó a un niñito, lo colocó en medio de los discípulos y declaró: En verdad les digo: si no cambian y no llegan a ser como niños, nunca entrarán en el Reino de los Cielos" (Mateo 18: 2-3).

[14] "Cuando uno se comporta de un modo que sirve para ayudar a mejorar la calidad de vida de otro, a cualquier nivel, se obtiene la mayor fuente de plenitud y de satisfacción y la guía más segura para tener más sentido de misión vital" (Dyer, 1993, p. 403).

Si observamos a nuestro alrededor, encontraremos personas que nos resultan difíciles de tratar, porque es evidente en ellas la amargura; personas solas, insatisfechas, que siempre están tristes y enojadas y que se han acostumbrado a vivir de esa manera. La razón, no es su suerte ni las experiencias de su vida, es que adoptaron sentimientos negativos como propios y viven con ellos.

Se referirá un ejemplo:

*Ana, mujer de 55 años, vive sola, es divorciada, tiene hijos, nietos y bisnietos. Es una persona con muchas necesidades económicas, a pesar de tener un trabajo, sufre de privaciones, tiene pocas amigas de las que **desconfía;** tiene pésimas relaciones laborales, al extremo que, muchas veces, han procurado deshacerse de ella; la mayor parte de la gente que está a su alrededor piensa que es una persona muy desagradable y agresiva.*

*Ana tuvo una niñez, que en su época era común en nuestro medio; padres controladores, que llegaban a los castigos físicos, pero que se interesaban por ella, solventaban sus necesidades, incluida la educación, además tenía privilegios que no tenían los hijos en esa época; tanto ella como sus hermanos tuvieron igual trato y educación en el hogar, sin embargo, ella recuerda su niñez con **resentimiento y rencor** hacia sus padres.*

*Ana tuvo un matrimonio que lo considera desastroso, **adjudicando la culpa** a su esposo, padres, suegros e incluso a sus hijos. Llegó al alcoholismo, tuvo una vida desordenada y promiscua, **abandonó** a su esposo y a sus hijos.*

*Los hermanos de Ana alcanzaron éxito familiar, económico y profesional, mientras que ella, al contrario, vive frustrada, no consiguió un título universitario, ni logró mantener unida a su familia; sus hijos tienen una vida similar. Siente mucha **envidia**, especialmente hacia sus hermanos. Si alguien de su entorno mejora su situación económica o profesional, ella trata **agresivamente** de desprestigiarlo, su **rencor es permanente**, no solo hacia sus padres, quienes tienen todavía la nobleza de ayudarle, sino hacia todas las personas que están a su alrededor, incluyendo a algunos de sus hijos.*

Ella quisiera tener su propia casa y negocio, quisiera viajar, encontrar una pareja y pagar todas sus deudas, pero lleva años intentándolo sin éxito.

Cargada de estos sentimientos negativos, Ana difícilmente alcanzará sus metas y apenas puede solventar sus necesidades, con ayuda de sus padres.

Lo primero que Ana debe hacer es deshacerse de esos obstáculos infranqueables que ella misma ha creado, **desechar todos los sentimientos negativos**, que se han convertido en una carga tan pesada, que no le permiten avanzar. Debe aprender a **aceptar su responsabilidad** en los aparentes fracasos que ha tenido en su vida y aprender de esas experiencias. **No debe victimizarse** porque esa actitud le hace sentirse inferior a los demás. Debe **perdonar los agravios**[15] que pudo haber recibido de las demás personas, especialmente de sus padres, esposo, hijos y personas cercanas. No

---

[15] "Entonces Pedro se acercó con esta pregunta: Señor, ¿cuántas veces tengo que perdonar las ofensas de mi hermano? ¿Hasta siete veces? Jesús le contestó: No te digo siete, sino setenta veces siete. ... Y Jesús añadió: Lo mismo hará mi Padre Celestial con ustedes, a no ser que cada uno perdone de corazón a su hermano" (Mateo 18: 21, 22, 35).

debe esperar la "venganza", o desear cosas negativas para los demás, porque lo que hace, al final, es atraerlas para ella misma[16].

Una vez interiorizada la presencia de sentimientos negativos, la mayoría sin razón para su existencia, debe desecharlos, acercarse a todas las personas que están a su alrededor y conseguir amarlas con toda la fuerza de su decisión y voluntad, para que fluya en su vida el éxito, su realización personal, emocional y afectiva, como también su prosperidad económica, que le llegará automáticamente y por añadidura.

En un caso como el anterior, usted puede hacer un listado de las personas con las que necesita reconciliarse y describir la intención más agradable y conciliadora que pueda desearles; este listado, debe leerlo todas las mañanas, hasta que crea que se ha liberado de ese sentimiento negativo, que le inspiraban esas personas.

Se recomienda que si son más de cinco las personas con las que necesita reconciliarse, lo haga en grupos de tres, repitiendo todas las mañanas sus deseos para ellos, durante un mes o el tiempo que necesite y luego siga con el siguiente grupo.

El ejemplo de este ejercicio, sería el siguiente:

VENCIENDO OBSTÁCULOS: Sentimientos negativos hacia los demás	
Personas con las que necesita reconciliarse	**Mis deseos para ellos/as**
1. *Padre ...... (el nombre)*	*Deseo que mi padre tenga paz en su vejez, quiero que sea feliz y no le falte amor y compañía.*
2. *Madre ......*	*Deseo que mi madre este llena de salud y de alegría y sienta entusiasmo por la vida.*
3. *Hijo 1 ......*	*Deseo que mi hijo... tenga una vida próspera y esté rodeado de gente buena.*
4. *Hijo 2 ......*	*Deseo que mi hijo... alcance lo que busca su corazón, viva tranquilo y feliz.*
5. *Ex esposo ......*	*Deseo que mi ex esposo ... encuentre el amor verdadero, que sienta alegría todos los días de su vida y que su salud sea mejor cada día.*

---

[16] "Todo lo que das -en virtud de tu ofrenda vibratoria- también lo recibes... La ley de la Atracción siempre selecciona las cosas con detalle y aporta a todos el producto que se acopla a sus pensamientos. Así que cuando das un pensamiento de bienestar siempre recibes su equivalente. Cuando emites pensamientos de odio, la Ley de la Atracción no puede darte resultados armoniosos" (Esther y Jerry Hicks, p. 34).

3.6 Malas relaciones interpersonales

> **Uno de los secretos profundos de la vida es que lo único que merece la pena hacer es lo que hacemos por los demás.**
> Lewis Carroll

"Así pues, hagan ustedes con los demás como quieran que los demás hagan con ustedes; porque en eso se resumen la ley y los profetas" (Mateo 7. 12).

Los seres humanos somos únicos e irrepetibles, diferentes entre nosotros/as, por lo que la afinidad, en preferencias, carácter y temperamento, no se da al cien por ciento; hay coincidencias más no similitudes; estas diferencias merecen respeto y tolerancia, sin embargo, los problemas interpersonales, que pueden incluso tornarse en relaciones agresivas, se presentan por el irrespeto a las diferencias; la intolerancia, incomprensión y menosprecio a los pensamientos, sentimientos, formas de ser, de expresarse, características físicas, emocionales, gustos y comportamientos de los demás.

Tratar a otros/as como quisiéramos ser tratados/as es la regla, no como nos tratan.

Las personas con trato déspota, irrespetuoso y humillante hacia los demás suelen ser tratadas de esa forma (actualmente o desde su niñez), y se acostumbraron a ello tanto que consideran que así se deben llevar las relaciones interpersonales. Salir de ese error puede ser difícil, por su costumbre a lo incorrecto; sin embargo, también pueden acostumbrarse a lo correcto.

Las personas merecen ser tratadas con delicadeza, consideración y amor. La clave de las relaciones humanas es: "amar al prójimo como a ti mismo", es un mandato divino, que genera paz y conduce a la realización del ser humano, se enfatiza **el amor**, no apreciar, querer, estimar al prójimo, sino amarlo, como se ama a los padres, hermanos, hijos, cónyuge. Todos podemos y sabemos amar, está en la esencia de nuestro ser, debemos aprender a expresarlo.

Una buena forma de amar es no herir a los demás; ver y sentir a la suegra como a su propia madre; cuñados/as como a hermanos/as, considerar a jóvenes y niños/as como a sus propios/as hijos/as o nietos/as, y a los ancianos como a sus padres y abuelos/as; así se forma una gran familia, en la que crecemos juntos, porque nos interesamos por los demás, con interés real y sincero, porque vemos a gente que amamos en cada uno de nuestros prójimos.

Para tener buenas relaciones interpersonales se recomienda lo siguiente:

- ♥ En sus conversaciones, siempre exprese cosas positivas de los demás.
- ♥ Escuche con atención, lo que los otros tienen que decir.
- ♥ No juzgue.
- ♥ No interprete.
- ♥ Repita las veces que sean necesarias y de diferentes maneras cuando la gente no entienda lo que dice.
- ♥ Aconseje, únicamente cuando se lo pidan y trate de ser lo más justo posible.
- ♥ Póngase en el lugar del otro.

- ♥ Si alguna persona está enojada o molesta, no intente en ese momento hacerla razonar.
- ♥ Si está enojado/a o molesto/a, aléjese de las personas, cambie de actividad y hágalo en soledad. Cuando esté tranquilo/a puede hablar con los demás.
- ♥ No adule.
- ♥ Respete las diferencias de pensamiento de los demás.
- ♥ No convenza de nada a nadie; si está en desacuerdo y cree que sus ideas pueden despejar dudas de los demás, solo exprese esas ideas, con lógica y coherencia, pero no insista, la otra persona es libre de tomar o desechar todo o parte de lo que le ha dicho.
- ♥ Nunca se ría de nadie.
- ♥ No se sienta superior o inferior a los demás.
- ♥ Trate igual a todos/as.
- ♥ No trate a las personas de acuerdo a como se ven exteriormente, con todas sea cordial, amable y respetuoso/a.
- ♥ Siempre salude y despídase, no importa si no le contestan.
- ♥ No se queje de la actitud de nadie.
- ♥ Si alguien es agresivo/a, aléjese.
- ♥ Esfuércese por el bienestar de los demás.
- ♥ Sea solidario/a.
- ♥ Sea optimista.
- ♥ Irradie entusiasmo.
- ♥ Siempre piense bien de los demás.
- ♥ Exprese afecto.
- ♥ Alégrese de corazón si a otras personas les va bien.
- ♥ Nunca niegue su ayuda si está dentro de sus posibilidades.
- ♥ No margine a nadie.
- ♥ Sea coherente.
- ♥ Sea paciente y tolerante.
- ♥ Busque la paz.
- ♥ No se avergüence de sí mismo ni de su familia.
- ♥ No intente caer bien a todos/as.
- ♥ Fluya entre los demás, no fuerce su relación con el resto.
- ♥ Espere la mejor actitud de las personas para que no actúe a la defensiva.
- ♥ No opine si no han pedido su opinión.
- ♥ No hable de lo que no sabe.
- ♥ No intervenga en conversaciones ya iniciadas.
- ♥ Siempre hable con la verdad, pero exprésela con respeto y delicadeza, sin que nadie se sienta mal.
- ♥ No exagere los errores de los demás, piense primero en los suyos.
- ♥ Aprenda de todas las personas, la gente siempre tiene algo positivo que enseñar.
- ♥ Procure no hablar de sus bienes materiales, ni de las cosas que le enorgullecen, si alguien llega a saberlo, que sea porque se acercó con verdadero interés a usted.
- ♥ Sea prudente.
- ♥ No presuma tener algo cuando los otros lo necesitan.
- ♥ Nunca hable con mala intención.
- ♥ No predisponga al mal de unas personas con otras.
- ♥ No trate de sobresalir desprestigiando al resto.

3.7   Falta de autocontrol

> **El universo entero se somete a una mente sosegada.**
> Chuang Tzu

Le resulta familiar escuchar estas frases:

Estoy de mal genio

Quisiera, pero no me nace

No depende de mí

Sé que está mal, pero no puedo evitarlo

Es que me provocan

No puedo sentirme bien, etc.

Todas estas frases, que oímos comúnmente, hablan de una falta de autocontrol. ¿Quién sino uno mismo es dueño de sus pensamientos, sentimientos y emociones? Entonces, ¿de quién depende?

Dentro de la psicología humana, todo tiene una razón de ser, se tiene motivos para amar, como para dejar de hacerlo; para estar de mal genio, como para no estarlo. Las cosas pueden afectarle mucho o poco, según su decisión. **El estado emocional que tiene cada instante es una decisión personal.** Nada ni nadie le puede hacer daño a menos que lo permita. La infelicidad es fruto de pensamientos negativos, que generan sentimientos nocivos, forjan un estado de insatisfacción, sufrimiento o frustración y pueden llevar a infringir violencia, a sí mismo o hacia los demás.

Identifique en usted los motivos de su estado de ánimo y contrólelo; puede proponerse y lograr ser feliz, ser alegre todo el tiempo; está vivo y esa es una razón muy importante. Su tiempo es limitado, no hay que desperdiciarlo, el tiempo que no está enteramente feliz, es el único tiempo perdido.

Controlar su pensamiento, es tener autocontrol, por tanto son necesarios pensamientos positivos para crear felicidad.

Veamos con un ejemplo, cómo pensamientos negativos generan una conducta autodestructiva.

Una mujer de 38 años, soltera, vive el término de una relación afectiva (después de quince años de noviazgo); casi al mismo tiempo, es despedida de su trabajo y, además, es rechazada para una beca de postgrado en el exterior.

Como consecuencia de estas experiencias: se siente sola, piensa que ha desperdiciado quince años de su vida con su ex novio y sufre de una depresión que le impide seguir con su vida normal. Además se siente inútil ya que la despidieron, se angustia por su futuro, lo ve con pesimismo, sin oportunidades para ella; lo de su postgrado es una total decepción y piensa que no es digna de aspirar a mejorar su situación profesional.

Tras esta conducta autodestructiva, existen pensamientos negativos, que deben ser **eliminados y cambiados por pensamientos positivos**, así:

VENCIENDO OBSTÁCULOS: Falta de autocontrol	
PENSAMIENTOS NEGATIVOS	**PENSAMIENTOS POSITIVOS**
Sin pareja se vive sumido en la tristeza y soledad.	El rompimiento es una oportunidad de conocer nuevas personas, disfrutar mi independencia y soledad.
No voy a poder tener otra relación afectiva.	Con la experiencia que he tenido podré escoger mejor a una persona con quién compartir afectivamente mi vida.
Fui despedida por inútil.	Salir del trabajo que tenía es una oportunidad para conseguir otro mejor.
Ya no podré tener un buen futuro, se acabaron las oportunidades para mí.	La experiencia laboral que gané servirá de mucho para trabajar en otra institución, donde valoren mi profesionalismo.
Fracasé al intentar obtener algo que quería, es mejor no intentar nada, para no decepcionarse.	Esta es una etapa que concluye en mi vida, posterior a ella se presentarán nuevas y mejores oportunidades. Seré perseverante en alcanzar lo que quiero, lo intentaré las veces que sea necesario.

Si como el ejemplo, la persona que vive experiencias aparentemente negativas asume pensamientos positivos, convierte esas experiencias en oportunidades; cambia su comportamiento y su estado de ánimo tendrá vivencias enriquecedoras.

CAPÍTULO IV: ALCANZANDO METAS

> **El futuro tiene muchos nombres. Para los débiles es lo inalcanzable. Para los temerosos, lo desconocido. Para los valientes es la oportunidad.**
> Víctor Hugo

Las personas acuden por primera vez a solicitar atención psicológica cuando atraviesan por una situación difícil en su vida, como la muerte de un ser querido, divorcio, pérdida de empleo, etc.; o cuando deben tomar decisiones cruciales para su futuro, como escoger una carrera, viajar o cualquier cambio de vida; también es común que otras personas, como los padres, maestros, pareja, les presionen a buscar ayuda psicológica. Es más valioso, pero menos frecuente, que el/la mismo/a paciente, se dé cuenta que su conducta es inadecuada, que intente cambiarla, sin conseguirlo y concluya que necesita ayuda y (gracias a su propia inspiración) acuda al psicólogo. Son más escasas aún las personas que solicitan atención psicológica, sin tener ningún problema, únicamente por el deseo de mejorar su vida, que la sienten estancada, sin triunfos ni fracasos y sin novedad alguna.

En este capítulo se tratará de cómo enfrentar y resolver las dificultades más frecuentes por las que las personas acuden al/a psicólogo/a, como el enfrentar problemas y tomar decisiones acertadas y que no le permiten tener claridad en el establecimiento o cumplimiento de sus metas a corto plazo; y, posteriormente, se tratará sobre cómo establecer, planificar y ejecutar sus metas, a mediano y largo plazo.

Las metas cambian conforme avanza la vida y pueden pasar de la búsqueda de lo material hasta alcanzar lo espiritual. Aunque más adelante se tratará sobre la autorrealización, es pertinente, en este momento, señalar que las metas que se proponga, sean orientadas con el propósito o misión de vida que usted tiene.

4.1   Aprendiendo a enfrentar y resolver problemas

> **El mundo entero se aparta cuando ve pasar a un hombre que sabe adónde va.**
> Antoine de Saint-Exupéry

Las personas suelen acudir a un psicólogo con la meta a corto plazo de enfrentar y resolver problemas que les afectan en ese momento.

Los problemas siempre tienen solución; es necesario actuar acertadamente para resolverlos; puede que no sea la solución que se desea o sencillamente sea imprescindible aceptar la situación y circunstancias que se presentan en la vida.

4.1.1 Aceptar la situación de vida

Las cosas no cambian; cambiamos nosotros.
Henry David Thoreau

Cuando un problema es de naturaleza externa y no está bajo su control, se debe aceptar esa situación, como el fallecimiento de un ser querido, la decisión de otra persona que no puede cambiar, hechos de la naturaleza que le afectan. Aceptar esa situación problema es la solución, porque deja de sufrir, deja de luchar contra algo que está fuera de su control.

Aceptar parece muy fácil pero en realidad requiere de mucha decisión y voluntad. Para lograrlo, necesita lo siguiente:

1. Convencerse de la necesidad de aceptar (autopersuasión)

Basándose en que nada se puede hacer, sino enfrentar la realidad, trate de eliminar los sentimientos de culpa o cualquier otro sentimiento negativo que pueda generarse, debe considerar que es ser humano, con muchas limitaciones y que comete errores. Acoger el sentimiento de impotencia, con humildad y no con rebeldía, ya que esta solo complica las cosas. Debe evitar buscar culpables, porque tampoco es una solución. Tome en cuenta que lo único que puede hacer por usted mismo/a y por los demás es calmarse y simplemente aceptar la realidad[17].

2. Repetirse a sí mismo que se hace lo correcto al aceptar y sentirse bien por ello (autosugestión)

Aquí, me permito citar la oración de la serenidad de Reinhold Niebuhr, que utilizan los grupos de alcohólicos anónimos en sus reuniones.

"Señor, concédenos serenidad, para aceptar las cosas que no podemos cambiar; valor, para cambiar las que sí podemos, y sabiduría para discernir la diferencia".

Después de analizar y llegar a la conclusión de que no hay nada que se pueda hacer, se debe abrazar como propia y personal la primera parte de esta oración, modificándola respetuosamente, para repetirla todos los días, por el tiempo que sea necesario, así: ***Señor, gracias por darme la serenidad, de aceptar las cosas que no puedo cambiar.***

La aceptación, se ilustrará con un ejemplo:

José, a los 33 años de edad, sufrió la pérdida de su esposa, quien falleció tras una larga lucha contra el cáncer; él se quedó al cuidado de sus dos hijas, de tres y cinco años de edad. Después de esta dolorosa experiencia, no dejó de sufrir, se apartó de su familia, culpándolos absurdamente, descuidó a sus hijas, dejó de tener amigos,

---

[17] "Vive en el presente, que es el único momento que tienes … Acepta lo que viene a ti total y completamente para que puedas apreciarlo y aprender de ello; luego déjalo pasar. El presente es como debe ser … No luches contra el infinito esquema de las cosas; por el contrario, sé uno con él" (Chopra, 1994, p. 141).

trabajaba mecánicamente cometiendo muchos errores y ante el reclamo por ello, tenía una actitud agresiva.

José realizó el ejercicio para aceptar su realidad de la siguiente manera:

<table>
<tr><td colspan="1" align="center">ALCANZANDO METAS: Aceptar la situación de vida</td></tr>
</table>

1. AUTOPERSUASIÓN

Para tomar conciencia de que hizo todo lo posible (con sus limitaciones) para mejorar la salud de su esposa, revisó las evidencias de todo lo actuado, tomó todas las facturas de las atenciones médicas, los resultados de los exámenes, hizo una lista de todos los médicos a los que acudieron; se entrevistó con su familia, a quienes preguntó sobre las razones de ciertas actuaciones (que él consideraba negativas), despejó sus dudas, con algunos argumentos no estaba de acuerdo, pero decidió respetarlos. Recordó todo lo que había sufrido junto a su esposa (por la enfermedad), demostrándole su amor, soportó sus variaciones en el estado de ánimo, desde la indignación y odio, hasta profundas depresiones, siempre dándole fuerzas, atendiéndole y acompañándole incondicionalmente.

Al final de la reflexión, llegó a la conclusión de que lo que hizo era todo lo que pudo hacer y que estuvo a su alcance, no podía hacer nada más. Le hubiera gustado que a su esposa le traten los mejores especialistas del mundo (aunque esto no habría garantizado que viviera), pero su economía no se lo permitió y sería absurdo culparse por ello, y peor aún culpar a otras personas. El desenlace tan doloroso era algo que les tocaba vivir a pesar de su lucha e insistencia, sabía que la muerte era inminente y, a veces, su esposa y él llegaron a desear que sucediera lo más pronto posible. Con esta conclusión se sintió más aliviado.

2. AUTOSUGESTIÓN:

José construyó una frase acorde a su realidad y la leyó repetidamente hasta alcanzar resultados positivos: ***me siento tranquilo, porque "Elizabeth" (el nombre de su esposa), no luchó sola, siempre estuve a su lado, siento la satisfacción del deber cumplido.***

Después de poco tiempo, José empezó a sentir cambios positivos en su vida y sus hijas también lo sintieron.

4.1.2 Planificar la solución (aceptar la realidad y actuar)

> **Busca dentro de ti la solución de todos los problemas, hasta aquellos que creas más exteriores y materiales.**
> Amado Nervo

Otros problemas no solo se solucionan aceptándolos, sino que requieren ser resueltos, actuando acertadamente; sin embargo, si se tiene una actitud y comportamiento desordenado y caótico, no es posible alcanzar este objetivo; en este caso, se debe planificar el abordaje para solucionarlos.

Problemas como los económicos, afectivos y otros, que erróneamente se piensa son de naturaleza externa y que no tienen que ver con el comportamiento personal, porque se cree que sus causas están fuera de control y no dependen de uno mismo o son cuestión de suerte o azar; sin embargo, es importante aclarar que se tiene control sobre ellos, se puede hacer mucho para solucionarlos, cambiando el comportamiento personal, empezando por la actitud.

Es preciso detallar claramente el problema, concientizar los recursos con los que se cuenta para solucionarlo, especificar cuál sería la solución que le conviene (objetivo que se plantea) y planificar los pasos que debe ejecutar para resolverlo; realizando una evocación del pasado, para aprender de la experiencia, enfrentar el presente y visualizar el futuro, para conseguir el éxito que se propone. Ejemplo:

Karina, una mujer de 29 años, casada, tiene un niño de dos años, vive en casa de sus padres, con su esposo e hijo, actualmente está atravesando por un problema económico muy serio, debido a muchas deudas contraídas con tarjetas de crédito y con la asociación de empleados de su lugar de trabajo, por lo que no percibirá su sueldo por aproximadamente seis meses. Esta situación le ha originado insomnio, problemas de salud y conyugales. Su esposo no conoce sobre lo que adeuda con tarjetas de crédito, solo sabe de su deuda en la asociación de empleados. Karina planifica la solución de su problema de la siguiente manera:

ALCANZANDO METAS: Planificar la solución		
1. SITUACIÓN PROBLEMÁTICA		
Presente: **Especificar el problema actual**	**Pasado:** **Cómo era antes de convertirse en problema**	**Futuro:** **Cómo sería una vez resuelto el problema**
Tengo una deuda de $30.800 (dólares americanos), $25.000 adeudo a la Asociación de empleados, y $5.800 a diferentes entidades financieras de tarjetas de crédito.	*No tenía ninguna deuda pero quería comprarme un auto, sentía que lo necesitaba, tenía que ser nuevo y del año. Quería que sea mío y no familiar, porque sabía que mi esposo lo llevaría a todo lado. Tampoco tenía deudas con tarjetas de crédito (las adquirí porque estoy sin sueldo por la deuda del auto).*	*Tendría sueldo y solventaría todas mis necesidades por lo que me sentiría tranquila, ya no me endeudaría con las tarjetas y dejaría de recibir llamadas para cobrarme las deudas.*
2. CARACTERÍSTICAS PERSONALES Y ACTITUD		
Actualmente	**Antes del problema**	**Resuelto el problema**
Ahora, por este problema, me siento frustrada, estoy enojada todo el tiempo, no puedo concentrarme en mi trabajo ni en nada, me desquito con mi familia, soy agresiva, no puedo dormir, siempre estoy peleando, estoy nerviosa y me siento muy mal.	*Tenía la ilusión del auto, pero no estaba triste, solo quería tenerlo, era tranquila, alegre, siempre estaba haciendo bromas, podía dormir, me llevaba muy bien con mi esposo, disfrutaba de mi hijo, me sentía feliz.*	*Feliz, agradecida, tranquila, alegre, cordial, afectuosa, bondadosa.*

3. RECURSOS: PERSONAS, COSAS Y CIRCUNSTANCIAS CON LAS QUE CUENTO

Sé que cuento con mi esposo, tengo temor de contarle toda la verdad, porque se enojaría, pero por corto tiempo y luego trataría de ayudarme. Cuento también con mis padres, sé que me ayudarían con lo que puedan, no sería mucho, pero lo harían. También tengo el auto.

4. ¿QUÉ APRENDO DEL ANÁLISIS DE MI SITUACIÓN PASADA, ANTES DEL PROBLEMA Y QUÉ ES LO POSITIVO DE MI EXPERIENCIA?

En este momento me parece absurdo haber comprado un auto tan caro, pude comprar con menos dinero, uno de medio uso, en buenas condiciones, debí comprar un auto familiar y no solo para mí, pude turnarme con mi esposo para tenerlo o al menos debí hablar con él, seguramente me lo hubiera dejado todo el tiempo, si eso me hacía feliz. Lo positivo que tiene esta experiencia es que he desechado la absurda creencia de que ser independiente era no pedir nunca ayuda a nadie y mantener una actitud egoísta.

5. CUÁL ES LA SOLUCIÓN A MI PROBLEMA (considerando los recursos con los que cuento)

Considero que por mi salud y felicidad debo pagar las deudas vendiendo el auto, creo que mi esposo debe saber todo y sé que me ayudará con el pago de las tarjetas. Tengo que manejar mejor mis finanzas, dejaré de hacer gastos innecesarios y así poder vivir tranquila, pero sobre todo sin deudas, ya que eso me ha quitado la alegría de vivir.

6. PASOS A SEGUIR PARA SOLUCIONAR MI PROBLEMA

1. Debo comunicar a mi esposo sobre toda esta situación y pedir su apoyo.
2. Voy a hablar con las entidades financieras de las tarjetas para que me hagan un refinanciamiento de las deudas.
3. Me acercaré a la casa comercial donde adquirí el auto para ver si puedo venderlo a la misma y que coticen el valor que me darían.
4. Contactaré con otras personas que pueden estar interesadas en comprar mi vehículo.
5. Venderé mi vehículo escogiendo la mejor opción y con todo el dinero que me den, pagaré lo máximo que alcance de mis deudas.
6. Procuraré completar lo que me falte con lo que mi esposo me pueda dar y evitando la compra de cosas que no necesito.

7. DESCRÍBASE USTED CON EL PROBLEMA RESUELTO (Con el máximo de detalles. Tome en cuenta los puntos 1 y 2 en el área del futuro)

Con mi problema resuelto, es decir ya sin deudas, puedo ahora disfrutar de mi sueldo, por lo que me siento libre, tengo lo necesario e incluso más de lo que necesito, me siento orgullosa de haber cumplido con mis obligaciones económicas y me siento tranquila de poder salir a cualquier lado y de contestar el teléfono con toda confianza, porque ya no debo nada a nadie.
Me siento feliz, agradecida, tranquila, alegre, cordial, afectuosa y bondadosa.

8. VISUALICE SU DESCRIPCIÓN (Visualice y practique todo el tiempo la actitud descrita en el punto 7)

4.2 Tomar decisiones acertadas

> **El destino no es cuestión de azar, es asunto de elección, no es algo por lo que haya que esperar, es algo que se debe lograr.**
> William Jennigs Bryan

En la vida, continuamente se necesita tomar decisiones, sea en cosas muy importantes o en otras que, a pesar de no ser cruciales, dejan de manifiesto la forma de ser, pensar, sentir y vivir de la persona.

Mucha gente tiene dificultades para tomar decisiones y, al hacerlo, cualquier decisión que tomen, siempre quedan insatisfechas; por ejemplo:

Compré este vestido, pero debí comprar el otro, ahora que lo veo en otra persona lo aprecio mejor.

Estudié arquitectura, pero si hubiera estudiado economía, ahora ganaría mucho más.

Me casé con "x" persona, pero si me hubiera casado con esa otra, mi vida sería más feliz.

Las personas que tienen esta clase de razonamientos tienen dificultad para tomar decisiones, tardan mucho en hacerlo, no lo hacen o pretenden que otras lo hagan por ellas; esto puede presentarse por las siguientes razones:

- No saben lo que quieren
- No se conocen lo suficiente
- Analizan demasiado y a destiempo
- Se fijan demasiado en los demás
- Su visión es egoísta
- Quieren sacar el máximo provecho de las cosas y no dejar nada a los demás

Los problemas en la toma de decisiones tienen mucho que ver con la dificultad de discernir, entre la verdadera forma de ser y la que se desea aparentar; entre lo que realmente les gusta, y lo que creen que les daría satisfacción; en su concepto de éxito y en lo que los demás consideran éxito.

Una mente confusa no puede tomar decisiones acertadas, debe aprender a escucharse a sí mismo. **El cuerpo, tanto en lo físico como en lo psicológico, pide lo que necesita**, por eso se bebe agua o se come pero, poco a poco, se le calla a la voz interior del organismo, causando confusión mental; así se confunde el placer con la necesidad; se come cuando no lo necesita y lo que le hace daño (el organismo no lo pediría nunca), por esta confusión en lo que sentimos, llegamos a desconocer lo verdaderamente importante, atendiendo a cosas sin relevancia que a la larga nos hacen daño.

Cuando las personas han dejado de escuchar a su organismo y no reconocen las sensaciones de su cuerpo, por ejemplo en lo referente a su alimentación, y caen en la gula, afectando su salud, es necesario intervenir con una lista de alimentos nutritivos y porciones adecuadas. Así también, en el área psicológica, con una mente confusa, que no reconoce la voz de su interior, es necesario, facilitarle una lista de sus prioridades, para que tome decisiones acertadas.

Si se encuentra en esta etapa de confusión, se le recomienda lo siguiente:

1. Escribir una lista de las cosas que considera más importantes en su vida (sus prioridades) y que tengan relación al asunto que debe decidir.

2. Mantenerse en un estado de serenidad para poder tomar una excelente decisión.

3. Ser totalmente honesto/a con usted mismo/a.

4. Discernir entre su propio criterio y el criterio de los demás.

Se ilustra con un ejemplo:

María, una mujer de 18 años, soltera, está por graduarse de bachiller y puede seguir una carrera universitaria o tomar otras decisiones, como trabajar en la empresa donde hizo sus prácticas de contabilidad; o viajar a EE.UU., atendiendo una invitación de sus primas (donde solo podría estar de visita, durante dos o tres meses).

Realiza el ejercicio de toma de decisiones de la siguiente manera:

ALCANZANDO METAS: Toma de decisiones acertadas

1. SITUACIÓN POR LA QUE HAY QUE TOMAR UNA DECISIÓN Y EN QUÉ TIEMPO MÁXIMO (especifique)

Al graduarme, debo decidir qué hacer con mi vida (no puedo quedarme en la casa sin hacer nada). Debo tomar una decisión lo más pronto posible máximo para septiembre (faltan 2 meses).

2. CONTEXTO DE LA SITUACIÓN (describa)

Quisiera llegar a ser una profesional joven (en caso de estudiar) e iniciar una familia tempranamente, no me gustaría pasar con muchos años a mis hijos.

3. PRIORIDADES PERSONALES. Lo más importante (5 puntos) a lo menos importante (1 punto)	**PUNTUACIÓN**
Hacer deporte (básquet)	5
Ser independiente económicamente	4
Tener una familia (esposo, hijos)	3
Aprender otro idioma	2
Pasear	1

4. ALTERNATIVAS DE DECISIÓN (describa sin orden de importancia)	**CALIFICACIÓN**		
	DE ACUERDO AL SENTIMIENTO QUE LE INSPIRA [1]: 5.- Entusiasmo 4.- Alegría 3.- Satisfacción 2.- Indiferencia 1.- Tristeza o desagrado	**DE ACUERDO A LA PUNTUACIÓN DE SUS PRIORIDADES[2]**	**TOTAL [3]**
a) *Trabajar en una empresa con un buen salario.*	*3*	*4*	*7*
b) *Visitar a mis primas en EE.UU.*	*5*	*1*	*6*
c) *Estudiar en la universidad la carrera de Educación física, ya que me gustan los deportes.*	*4*	*5*	*9*
d) *Estudiar inglés en la Universidad.*	*3*	*2*	*5*
e) *Buscar pareja, conseguir un novio y casarme.*	*2*	*3*	*5*

[1] Los sentimientos pueden diferenciarse entre: **Entusiasmo:** estado de ánimo con exaltación positiva; **Alegría:** estado de ánimo positivo, con felicidad; **Satisfacción:** estado de ánimo de bienestar, gusto y placer; **Indiferencia:** estado de ánimo de desgano y apatía; y **Tristeza o desagrado:** estado de ánimo negativo de molestia e infelicidad.

[2] Para cada alternativa de decisión, coloque la puntuación que dio a una de sus prioridades (la que más se asocie) en el punto 3, puede repetir el puntaje del criterio de prioridad, para más de una alternativa de decisión.

[3] En caso de empate entre las diferentes alternativas, usted deberá decidir la alternativa que tiene más factibilidad y/o viabilidad.

Para María, según este proceso, la alternativa de decisión (de mayor puntuación), es estudiar la carrera universitaria de educación física, que representa a la más afín con su auténtica forma de ser y de sentir.

Después de llenar este cuadro, considere la alternativa más puntuada, como la mejor opción, siempre y cuando haya sido muy honesto/a en el listado de sus prioridades y en la necesidad de tomar una decisión a corto, mediano o largo plazo. Debe tener mucho cuidado de no confundir sus auténticas prioridades, con las que fue criado o educado, las de sus padres o personas de mayor influencia sobre usted, o las que son aceptadas socialmente. Escuche la voz de su interior, para que este resultado sea fruto de su propia inspiración.

"Si supieras quien camina a tu lado por la senda que has escogido, sería imposible que pudieses experimentar miedo"[18].

4.3 Establecer sus metas

Si uno no sabe a qué puerto navega, ningún tipo de viento le es favorable.
Séneca

Una vez que puede tomar decisiones acertadas, está listo para fijar metas específicas.

Si las metas no están claras se requiere de información adicional, encaminada a orientar sus pensamientos, ideales y deseos, hacia la estructuración de metas específicas; para esto se sugiere responder un cuestionario de once preguntas y determinar a qué categoría/s pertenece/n cada una de sus respuestas, esto le permitirá obtener metas claras y planificar su ejecución.

Ejemplo:

---

[18] Un curso de milagros (Schucman, 2016, p. 228).

<table>
<tr><td colspan="5">ALCANZANDO METAS: Establecer sus metas</td></tr>
<tr><td colspan="5">ANÁLISIS DE SUS PENSAMIENTOS Y DESEOS VITALES</td></tr>
<tr><td rowspan="2">RESPONDA ESTAS PREGUNTAS:</td><td colspan="4">CATEGORÍA*</td></tr>
<tr><td>ECONÓMICA/ LABORAL</td><td>AFECTIVA</td><td>PLACER Y RECREACIÓN</td><td>SOCIAL</td></tr>
<tr><td>1. ¿Qué experiencias le gustaría tener?
Quiero viajar fuera del país, conocer otras culturas.
Quisiera tener el suficiente dinero para crear una empresa y dar trabajo a mucha gente.
Me gustaría formar una familia con quién compartir tanto económica como afectivamente.</td><td>X</td><td>X</td><td>X</td><td>X</td></tr>
<tr><td>2. ¿Qué características conductuales le gustaría que tengan las personas con las que convive?
Que sean cordiales, amables, cariñosas, inteligentes y que sepan escuchar y apoyarme.</td><td></td><td>X</td><td></td><td></td></tr>
<tr><td>3. ¿Qué actividad le apasiona y nunca le cansaría?
Me apasiona la música, nunca me cansaría de producirla y cantar.</td><td>X</td><td></td><td>X</td><td></td></tr>
<tr><td>4. ¿Qué es lo que más disfruta aprender?
Disfruto al aprender a tocar nuevos instrumentos musicales.</td><td>X</td><td></td><td>X</td><td></td></tr>
<tr><td>5. ¿Cuáles son los lugares o paisajes que más disfruta?
Disfruto de los lugares tranquilos, sin muchas personas, que tengan la paz del campo con las comodidades de la ciudad.</td><td></td><td>X</td><td>X</td><td>X</td></tr>
<tr><td>6. ¿Qué característica de su personalidad le hace sentirse auténtico/a?
La alegría.</td><td></td><td>X</td><td></td><td>X</td></tr>
<tr><td>7. ¿Qué característica de su personalidad le hace sentirse incómodo/a?
La timidez.</td><td></td><td>X</td><td></td><td>X</td></tr>
<tr><td>8. ¿Qué espera en el contacto social con los/as demás?
Respeto, comprensión, afecto, interés.</td><td></td><td>X</td><td></td><td>X</td></tr>
<tr><td>9. ¿Cómo quisiera que sean las personas?
Solidarias, amistosas, confiables, pacíficas y alegres.</td><td></td><td>X</td><td></td><td>X</td></tr>
<tr><td>10. ¿Qué necesita tener para sentirse seguro/a?
Confianza, aceptación, interés, respeto.</td><td></td><td>X</td><td></td><td>X</td></tr>
<tr><td>11. ¿Cómo le gustaría verse y que le vieran los demás?
Como una persona físicamente hermosa y llena de virtudes admiradas.</td><td></td><td>X</td><td></td><td>X</td></tr>
</table>

* Puede escoger una o varias categorías, se recomienda que reflexione su respuesta y la asocie con la categoría que más se relacione.

Luego de responder las preguntas y clasificar sus respuestas en las categorías establecidas, fijará sus **metas específicas** sobre las experiencias que le gustaría vivir (respuestas a la primera pregunta) y sus metas de mejora personal, con las respuestas de la séptima pregunta, organizando la información de la siguiente manera:

a) Enliste sus metas específicas (cada una de las respuestas que dio a la pregunta 1) y para cada una de ellas redacte todos sus detalles, **"metas detalladas"** asociando las especificidades relacionadas del resto de respuestas (de todas las categorías: económica/laboral, afectiva, placer y recreación y social).

b) A la respuesta de la pregunta 7, transfórmela en meta, utilizando la característica opuesta, con el fin de cambiar esa característica de su personalidad que no le agrada (por ejemplo la timidez será cambiada por decisión o seguridad), luego detállela, asociando las respuestas, de idéntica forma a como lo hizo con la pregunta 1.
En caso de que no sea posible cambiar la característica que le disgusta de su personalidad, por algún motivo fuera de su alcance (bilógico, cultural, etc.); la meta consistiría, en aceptar la característica en forma positiva.

Independientemente de las metas establecidas, todas tendrán el aporte del conjunto de deseos e ideales que usted tiene para su presente y futuro (establecidos en el cuestionario de 11 preguntas que respondió). Siguiendo con el ejemplo:

ALCANZANDO METAS: Establecer sus metas	
METAS ESPECÍFICAS	**METAS DETALLADAS**
- Viajar fuera del país.	*Me gustaría viajar fuera del país a lugares donde tengan una rica cultura musical, en el género de mi preferencia (debe especificar el género) y en donde la gente se caracterice por ser solidaria, amistosa, que existan los más bajos índices de violencia y que la gente sea alegre, paciente, tolerante y educada. (Debe hacer una investigación sobre el país que cuenta con las características señaladas, para que especifique el lugar exacto a donde va a viajar).*
- Tener una exitosa empresa.	*Quisiera tener una exitosa empresa musical, donde se enseñe a tocar instrumentos y se den clases de canto, brindando a los usuarios confianza, aceptación, interés y respeto.*
- Formar mi propia familia.	*Formar mi propia familia, en la que mi esposo e hijos/as, sean cordiales, amables, cariñosos/as, inteligentes, se practiquen principios y valores positivos y sepamos escucharnos y apoyarnos mutuamente.*
- Ser una persona segura y decidida.	*Quisiera ser una persona segura y decidida para demostrar la alegría que es una característica de mi personalidad, que me hace sentir bien; quiero que los demás sientan que doy respeto, comprensión, afecto, interés, solidaridad, cordialidad, seguridad, tranquilidad, paz, confianza, y aceptación; deseo verme y sentirme como una persona hermosa y llena de virtudes, para esto, pretendo ser todo aquello que quisiera que sean los demás, especialmente paciente, tolerante y educada.*

4.4   Planificar y ejecutar sus metas

> **Cuando sabes lo que quieres y lo quieres lo suficiente, encontrarás una forma de conseguirlo.**
> Jim Rohn

Después de establecer detalladamente sus metas, debe planificar dinámicamente cómo las cumplirá; para esto, priorícelas en forma lógica, de acuerdo a su realidad, su deseo o la factibilidad de su cumplimiento; posteriormente, establezca pasos u objetivos que debe alcanzar para cumplirlas, revíselos periódicamente (diariamente al inicio), investigue sobre ellos para ir ampliando y añadiendo todos sus detalles y reflexione sobre qué acciones o actividades (pasos u objetivos), cómo y cuándo realizarlas para alcanzar sus metas.

Partirá formulándose la siguiente pregunta: ¿Qué debo hacer para……(meta)………?.

Siguiendo el ejemplo:

ALCANZANDO METAS: Planificar y ejecutar sus metas		
PLANIFICACIÓN		
¿Qué debo hacer para *tener una exitosa empresa musical, donde se enseñe a tocar instrumentos y se den clases de canto, brindando a los usuarios confianza, aceptación, interés y respeto?*		
¿Qué acciones tomar?	**¿Cómo?**	**¿Cuándo?**
1. *Debo tener capital para invertir en el local, y comprar los instrumentos musicales: $5.000, para invertir en el local; $15.000 para comprar los instrumentos musicales y luego $1.000 mensual para capacitar a los profesores.*	*$5.000, ya los tengo en mis ahorros; los $15.000 los obtendré de mi trabajo. Los $1.000 para capacitación los conseguiré de los ingresos de la empresa.*	*Actualmente tengo $5.000 en mis ahorros. Ahorraré durante tres años de mis ingresos del trabajo para los otros $15.000 A partir del tercer año de funcionamiento de mi empresa, separaré $1.000 mensual para capacitación.*
2. *Debo vender la idea a profesionales músicos de invertir su tiempo en mi empresa, dando clases a riesgo compartido, es decir que ganarán de acuerdo a los alumnos que se inscriban en sus clases.*	*Hablaré de esta idea a Juan violinista, Maria pianista, Pedro profesor de canto, y otros……. que ellos me recomienden, ofertándoles el mayor número de beneficios (a continuación se puede detallar qué se dirá a los involucrados).*	*Cuando ya tenga decidido el local (que será en tres meses).*

3. *Capacitar al personal para dar un buen servicio, a la vez que actualizarles en su área profesional.*	*- La capacitación en dar un buen servicio la haré en la Asociación de Pequeños Empresarios (reuniré los requisitos necesarios y solicitaré este servicio gratuito).* *- La actualización en el área profesional la realizaré en el Conservatorio Nacional de Música (al tener el presupuesto requerido).*	*- Iniciaré tres meses antes de inaugurar las clases.* *- A partir del tercer año de funcionamiento de mi empresa.*
4. *Debo legalizar mi empresa, hacer un código de convivencia y establecer sus estatutos.*	*Con un profesional abogado de la Universidad Católica, que por estar en prácticas pre profesionales me resultará conveniente económicamente.*	*En tres meses (cuando ya tenga decidido el local).*

Una vez que la planificación esté lista, la lleva a la realidad.

Después de alcanzar una meta, puede seguir con la siguiente o puede trabajar con varias a la vez.

Mientras obtiene los recursos para alcanzar sus metas, debe asumir el propósito de generar hábitos positivos que le lleven al éxito y que se relacionen con todas sus metas; que siguiendo con el ejemplo y para la mayor parte de metas que se proponga, podrían ser:

1. Esforzarse en ser como desearía que las demás personas sean. En nuestra conciencia moldeamos a las otras personas como nos gustaría que sean, a su vez así es como debemos ser [19].

2. Expresarse siempre con la característica más auténtica de su personalidad.

3. Cambiar el rasgo de su personalidad que le incomoda; de no poder hacerlo (por problemas biológicos, culturales u otros), debe aceptarlo y sentirse especial por tenerlo, evitando que se convierta en un impedimento para alcanzar sus metas.

4. Cultivarse al máximo en la actividad que le gusta hacer y que nunca le cansa. Debe ser creativo/a en ella y aprender todos los días algo nuevo, recuerde que es más fácil lograr éxito económico realizando una actividad que le gusta.

5. Extasiarse de los lugares que más disfruta. Puede investigar, leer mucho sobre esos sitios, recorrerlos con su mente, para posteriormente visitarlos realmente.

---

[19] Jesús en sus enseñanzas manifestó lo siguiente: "todo lo que ustedes desearían de los demás, háganlo con ellos: ahí está toda la Ley y los Profetas" (Mateo 7: 12).

6. Administrar bien sus finanzas. Además de invertir convenientemente su dinero, debe apartar un rubro para el cumplimiento de su/s meta/s, debe hacerlo permanentemente, ser perseverante y disciplinado/a.

7. Sentirse feliz todo el tiempo. La felicidad es un estado mental, que no depende de nada ni nadie, más que de usted mismo/a.

Organice conductas para lograr sus metas, acopladas en cada uno de los hábitos descritos y verifique su cumplimiento diariamente; de no cumplir alguna, explique por qué no la hizo y cómo lo compensará; en cambio, sí cumple con todas las conductas y/o hábitos todos los días de la semana, otórguese una gratificación, haciendo algo que le guste.

Siguiendo el ejemplo anterior, se lo haría de la siguiente manera:

<table>
<tr><td colspan="8" align="center">ALCANZANDO METAS: Planificar y ejecutar sus metas</td></tr>
<tr><td colspan="8" align="center">CUMPLIMIENTO SEMANAL DE CONDUCTAS Y HÁBITOS</td></tr>
<tr><td rowspan="2">CONDUCTAS Y HÁBITOS PARA EL CUMPLIMIENTO DE METAS</td><td colspan="3">MES: Enero</td><td colspan="4">SEMANA N°: 1</td></tr>
<tr><td>Lunes</td><td>Martes</td><td>Miércoles</td><td>Jueves</td><td>Viernes</td><td>Sábado</td><td>Domingo</td></tr>
<tr><td>1. Esforzarme en ser como desearía que las demás personas sean.
Este día fui con los demás:
- Cordial y amable
- Cariñosa, respetuosa y comprensiva
- Me interesé por los demás y fui solidaria
- Fui paciente y tolerante</td><td>Sí
Sí
Sí
Sí</td><td>Sí
Sí
Sí
Sí</td><td>Sí
Sí
Sí
Sí</td><td>Sí
Sí
Sí
Sí</td><td>Sí
Sí
Sí
Sí</td><td>Sí
Sí
Sí
No</td><td>Sí
Sí
Sí
Sí</td></tr>
<tr><td>2. Expresarme siempre con la característica más auténtica de mi personalidad.
Todo el día me expresé hacia los demás demostrando mi alegría.</td><td>Sí</td><td>Sí</td><td>Sí</td><td>Sí</td><td>Sí</td><td>Sí</td><td>Sí</td></tr>
<tr><td>3. Aceptarme con el rasgo de mi personalidad que me incomoda.
Hice todo lo que quise hacer, sin que mi timidez lo impidiera.</td><td>Sí</td><td>Sí</td><td>Sí</td><td>Sí</td><td>Sí</td><td>Sí</td><td>Sí</td></tr>
<tr><td>4. Cultivarme al máximo en la actividad que me gusta hacer y que nunca me cansa.
Aprendí algo nuevo en cuanto a la música, fui creativa con lo que aprendí.</td><td>Sí</td><td>Sí</td><td>Sí</td><td>Sí</td><td>Sí</td><td>Sí</td><td>Sí</td></tr>
<tr><td>5. Extasiarme de los lugares que más disfruto.
Investigué sobre los lugares a donde deseo viajar (Roma, Italia, España).</td><td>No</td><td>Sí</td><td>Sí</td><td>Sí</td><td>Sí</td><td>Sí</td><td>Sí</td></tr>
<tr><td>6. Administrar bien mis finanzas.
Aparté y guardé una cantidad de dinero para el proyecto de mi empresa.</td><td>Sí</td><td>Sí</td><td>Sí</td><td>Sí</td><td>No</td><td>Sí</td><td>Sí</td></tr>
<tr><td>7. Sentirme feliz todo el tiempo.
Fui feliz todo el tiempo.</td><td>Sí</td><td>Sí</td><td>Sí</td><td>Sí</td><td>Sí</td><td>Sí</td><td>Sí</td></tr>
</table>

OBSERVACIÓN	COMPENSACIÓN
El día sábado no fui paciente y tolerante con una amiga que me visitó y me dijo algo inapropiado.	*Me disculparé con mi amiga y le invitaré a mi casa la próxima semana.*
El día lunes no investigué sobre los lugares que deseo viajar porque no me di tiempo.	*El domingo veré una película sobre Europa, en lugar de las películas que suelo ver.*
El día viernes no aparté algo de dinero para el proyecto de mi empresa, porque salí con mis amigos a pasear.	*El lunes me esforzaré por ahorrar el doble de lo que acostumbro para mi proyecto.*

Este cuadro le permite autoobservarse, tomar en cuenta aciertos, errores y corregir fallas y, además, le ayuda a implementar hábitos saludables y placenteros que le automotiven.

Construya este cuadro en forma semanal hasta que las conductas sean un hábito diario; en ese momento, puede pasar a construir un cuadro de evaluación mensual, como el siguiente:

ALCANZANDO METAS: Planificar y ejecutar sus metas					
CUMPLIMIENTO MENSUAL DE CONDUCTAS Y HÁBITOS					
CONDUCTAS Y HÁBITOS PARA EL CUMPLIMIENTO DE METAS	MES _______				
	Semana 1	Semana 2	Semana 3	Semana 4	Semana 5
1. Esforzarme en ser como desearía que las demás personas sean.					
2. Expresarme siempre con la característica más auténtica de mi personalidad.					
3. Aceptarme con el rasgo de mi personalidad que me incomoda.					
4. Cultivarme al máximo en la actividad que me gusta hacer y que nunca me cansa.					
5. Extasiarme de los lugares que más disfruto.					
6. Administrar bien mis finanzas.					
7. Sentirme feliz todo el tiempo.					
OBSERVACIÓN			**COMPENSACIÓN**		

Evalúe progresivamente las conductas que se ha planteado y una vez que deban ser cambiadas para avanzar, hágalo y organice el cuadro de tal manera que sean pasos concretos que le lleven a lograr sus metas; posteriormente evalúe el cumplimiento de sus metas, para que una vez cumplidas se formule otras, cada vez más grandiosas; conserve los hábitos establecidos.

Cumplir las metas será fácil si persiste (siguiendo la planificación); si pareciera que algo no sale bien, no debe desalentarse ni abandonar nunca sus metas, lo importante es ser perseverante.

Es muy valioso trabajar en su actitud y mentalidad, debe ser consciente que ejecutar una meta no es solo conseguirla sino trabajar para aquello. Todos los días debe hacer algo para alcanzar lo que quiere; al hacerlo se encuentra un paso más cerca de alcanzar lo que se propuso.

Debe invadirse con una mentalidad optimista, no aparente o superficial, sino creada en su interior, en forma permanente, aprovechando cada experiencia. Si en el camino siente que no alcanza lo que desea, automotívese, no desmaye, recuerde que para todo se requiere perseverancia. Por ejemplo, en los estudios académicos no es correcto ni beneficioso, abandonar el colegio, cuando le va mal en una materia o repite el año, eso no le lleva a ningún lado; si, por el contrario, aprovecha esa experiencia, para aprender más y comprender a profundidad lo que estudia, tendrá un enorme beneficio.

La mente se confunde al creer que cuando no cumplimos con nuestras expectativas se fracasa. En la vida no existen fracasos, solo oportunidades. Cada vez que a algo que quiera, le digan *"no"*, es una oportunidad para replantear su método; ese *"no"* es una alerta para perfeccionar el camino, sin abandonar su meta. Significa que es necesaria la creación de nuevas características positivas de su personalidad o el fortalecimiento de las que ya tiene, como paciencia, tolerancia, perseverancia, etc. Aproveche el *"no"*, disfrútelo, regocíjese con él, para que no le cause daño, sino, por el contrario, para que trabaje a su favor.

Aproveche todo para su beneficio, incluso las cosas aparentemente negativas, realmente están a su favor, todo aporta para que alcance sus metas.

CAPÍTULO V: PROGRAME SU AUTORREALIZACIÓN

> **Un músico debe hacer música, un artista debe pintar, un poeta debe escribir. Lo que un hombre puede ser, debe serlo.**
> Abraham Maslow

Al hablar de **autorrealización**, se refiere a su **misión en la vida**, basándose en la convicción de que todos venimos al mundo para hacer algo en particular[20]; ese algo es la habilidad, destreza o capacidad que es innata en usted, que no solo le gusta realizarla, sino que tiene la facilidad de hacerla.

Puede cumplir su misión en la vida en todos los roles que tiene como profesional, padre, madre, hijo/a, esposo/a, ciudadano/a, líder, etc.; la autorrealización no tiene que estar al final de la pirámide de las necesidades, ya que en cada necesidad que solventa o en cada logro que consigue, **haciendo lo que debe y lo que disfruta, se autorrealiza**; después de todo, no puede seguir un orden establecido, porque no tiene seguro el tiempo y no debe dejar de lado ni posponer para el futuro su autorrealización, debe ir cumpliendo su misión de vida en el presente, que es el momento de ser feliz. Su misión le dará gran felicidad, ya que las metas no se disfrutan únicamente cuando se las ha alcanzado, su regocijo también está en el camino.

A lo largo de la vida se realiza muchas actividades, unas rutinarias, otras con una clara finalidad (fuera del automatismo); algunas las necesita para vivir, otras las hace por placer y otras las realiza por casualidad; si quiere alcanzar un sentimiento de autorrealización, debe **hacer todas las actividades con verdadero entusiasmo y con amor**, esperando no solo beneficio personal, sino y sobre todo, favorecer al mayor número de personas posible[21].

A continuación, se describen ejercicios para que pueda alcanzar su autorrealización:

1. Valorar su vida
2. Autoobservar su comportamiento

Estos ejercicios debe disfrutarlos sin ningún apuro, no esperar a alcanzar el próximo, para sentir que avanza, sino demorarse el tiempo que sea necesario para vivir plenamente, igual que si disfrutara de un delicioso manjar, masticando pacientemente, mientras saborea y siente ese enorme placer que le da. Tenga presente que el futuro aún no existe, debe deleitarse y aprovechar al máximo el presente; el tiempo es una variable que está fuera de su control, debe ser feliz ahora.

---

[20] Ley del Dharma, "vocablo sánscrito que significa "propósito en la vida". De acuerdo con esta ley, cada uno de nosotros tiene un talento único y una manera única de expresarlo... Hay una cosa que cada individuo puede hacer mejor que cualquier otro en todo el mundo... El expresar nuestros talentos para satisfacer necesidades, crea riqueza y abundancia sin límites" (Chopra, 1994, p. 18).

[21] "Utilizaremos nuestros talentos únicos para atender a las necesidades de nuestros congéneres los seres humanos; combinaremos esas necesidades con nuestro deseo de ayudar y servir a los demás" (Chopra, 1994, p. 19).

5.1 Valorar su vida

> **Una mesa, una silla, un bol de frutas y un violín. ¿Qué más necesita uno para ser feliz?.**
> Albert Einstein

Es muy probable que ya sea feliz o que tenga todo para serlo y no se ha dado cuenta de ello; aquí radica la importancia de este ejercicio; no esperar a que se cumpla el refrán, "valoramos las cosas cuando las perdemos", sino empezar a apreciarlas ahora. Para esto, describirá, por escrito, la rutina diaria de actividades que realiza, el tiempo que destina a cada actividad, en qué le beneficia, que aprende y la actitud que debe tener; al final concluirá con el "tesoro" que obtuvo en ese día. Esto le permitirá concientizar lo que tiene, valorarlo, aprovecharlo al máximo y alcanzar diariamente su autorrealización.

Ejemplo:

Camila, mujer profesional, de 25 años, casada, tiene un hijo de diez meses de edad. Debido a que su hijo continuamente se enferma, el pediatra le recomendó que se ocupe personalmente de él, no puede dejarlo en un centro infantil, ni con familiares, ni niñeras.

Camila deja su trabajo y se dedica al cuidado del niño, pero siente una profunda insatisfacción por su trabajo, que inclusive, le provoca episodios depresivos.

Camila realiza este ejercicio de la siguiente manera:

PROGRAME SU AUTORREALIZACIÓN: Valorar su vida			
RUTINA DIARIA			
Hora / actividad	**Beneficio(s)**	**Qué aprendí**	**Qué actitud tener**
5:00 a 6:00: Me levanto, preparo el desayuno para mi esposo, atiendo a mi hijo que se despierta a esa hora y lo alimento.	*- Veo despertar a mi hijo, y soy la primera persona que él ve en la mañana.* *- Mi esposo y yo nos sentimos más tranquilos, la salud de nuestro hijo dejó de ser una preocupación.*	*- Mi hijo tiene un horario fijo para despertarse.* *- Mi esposo siempre debe desayunar algo ligero.*	*- Satisfacción* *- Paz*

PROGRAME SU AUTORREALIZACIÓN: Valorar su vida			
RUTINA DIARIA			
Hora / actividad	**Beneficio(s)**	**Qué aprendí**	**Qué actitud tener**
6:00 a 9:00: Aseo personal y arreglo de casa; pendiente siempre del niño.	*- Mantengo mejor mi casa, acomodo las cosas de acuerdo a mis necesidades.* *- En mi aseo personal me doy tiempo para hacer algunos ejercicios, pues tengo dificultades para bajar de peso.* *- Estoy pendiente de mi hijo, si necesita le cambio de pañal o trato de que se distraiga con algún juguete, música o videos.*	*- Hay que tener un mejor método de organización en el que no se acumulen los quehaceres domésticos.* *- Necesito una rutina más efectiva de ejercicios, debo buscarla.* *- La música tranquiliza a mi hijo.*	*- Independencia* *- Creatividad* *- Perseverancia*
9:00 a 10:00: Baño a mi hijo, lo visto y alimento.	*Cuido a mi hijo con dedicación, sé que nadie haría esta actividad con amor y respeto.*	*Mi hijo crece rápidamente.*	*- Privilegio*
10:00 a 12:00: Siesta de mi hijo, preparo los alimentos.	*Preparo lo que me gusta y es saludable.*	*Combinar alimentos provechosos para la salud, de una manera rica y nutritiva.*	*- Creatividad* *- Alegría*
12:00 a 13:30: Almuerzo y arreglo la cocina.	*Aprovecho los alimentos que ingiero, ya que no tengo ningún apuro.*	*Hay alimentos que me llenan más que otros, y esto me puede servir para mi objetivo de bajar de peso.*	*- Tranquilidad* *- Paz*
13:30 a 15:00: Paseo por el parque o centro comercial con mi hijo.	*- Ejercitarme al caminar.* *- Estimular a mi hijo llevándole a nuevos ambientes.* *- Distraernos.*	*- A mi hijo le llaman la atención determinados colores y cosas.* *- Hay nuevas tendencias en la ropa, en el centro comercial.*	*- Libertad* *- Recreación*

PROGRAME SU AUTORREALIZACIÓN: Valorar su vida			
RUTINA DIARIA			
Hora / actividad	**Beneficio(s)**	**Qué aprendí**	**Qué actitud tener**
15:00 a 16:00: Siesta de mi hijo y descanso viendo un programa de T.V.	*Disfruto de mi tiempo en mi casa.*	*Distraerme y recrearme en mi hogar.*	*- Paz* *- Libertad*
16:00 a 17:30: Lavo, plancho ropa y alisto el vestuario necesario para el siguiente día, para mi esposo y mi hijo.	*Al preparar la ropa, cuido de su durabilidad y apariencia y así todos nos vemos mejor.*	*Hay que combinar colores y escoger el vestuario que nos sienta bien a todos.*	*- Me siento útil e importante*
17:30 a 18:30: Preparo la merienda.	*Me alimento y alimento a toda mi familia en forma responsable y sana.*	*Cocinar alimentos que sean ligeros y no den la sensación de pesadez durante la noche.*	*- Satisfacción*
18:30 a 20:00: Recibo a mi esposo, merendamos y arreglo la cocina.	*Dar un hogar cálido a mi familia y ser parte importante de este hogar.*	*Siempre hay cosas nuevas que uno puede hacer dentro de la rutina.*	*- Felicidad*
20:00 a 21:00: Converso con mi esposo mientras jugamos con mi hijo.	*- Conocer mejor a mi pareja y a mi hijo.* *- Compartir con mi familia, saber su estado de ánimo y las cosas que les tocó vivir ese día.*	*- Aprendí de la experiencia de mi esposo.* *- Resolver problemas con él.*	*- Unión*
21:00: Acuesto a mi hijo y me dispongo a dormir.	*- Ser parte de la vida de mi familia.* *- Completar con éxito un día productivo.*	*Valorar el día, con una rutina tranquila, cumplida sin acontecimientos negativos.*	*- Satisfacción* *- Alegría*
EL TESORO QUE HOY TUVE FUE: *mi familia.*			

5.2 Autoobservar su comportamiento

¿En qué clase de persona tendré que convertirme para alcanzar todo lo que deseo? No es lo que conseguimos, sino en lo que nos convertimos, en qué contribuimos lo que da significado a nuestras vidas.

Tony Robbins

Cuando ya se valora lo que se tiene, se siente la necesidad de alcanzar cosas nuevas; en este momento es necesario fijarse nuevas metas, trazar el camino hacia dónde se va y definir lo que realmente se quiere de la vida. Esto coincide con su misión o autorrealización. Sin embargo, para fijarse metas "más elevadas" es necesario autoobservar sus acciones, ya que si se fija una meta, pero sus acciones apuntan en sentido contrario, lo único que conseguirá es frustración y desencanto.

Pregúntese: ¿cómo mis acciones, pueden estar en contra de mis metas? Para su respuesta, considere que todo ser humano tiene como fin último en su vida **ser feliz**, a través de "metas" como: dar bienestar a otros, hacer actividades que le satisfacen emocionalmente o el cumplimiento de sueños como: establecer una familia, empresa, viajar o cualquier cosa que quiera. Al final, todos deseamos y queremos alcanzar la felicidad. Por esto, se debe vigilar que las acciones no vayan en contra de la felicidad, que no saboteen ese sentimiento íntimo, tan completo, de satisfacción permanente, que le lleva a un estado de constante alegría, que la desea como un sentimiento definitivo, inalterable y enraizado en su ser, totalmente independiente a cualquier factor externo y que ningún acto, circunstancia o pensamiento humano pueda cambiarlo.

Para que con seguridad sus acciones le lleven a cumplir lo que desea, sean cuales fueran sus metas específicas, deben cumplir una sola condición: HACER LO CORRECTO.

¿Qué es hacer lo correcto?

"Correcto" es un término que nos puede llevar a una gran confusión, puesto que lo que es correcto para unos puede ser incorrecto para otros; sin embargo, siempre hay una decisión correcta[22], esta es: realizar lo que no nos perjudique a nosotros ni a otros seres vivos o inertes, buscar el beneficio propio, pero sobre todo, el beneficio de todos/as, aunque no nos guste e incluso no nos convenga.

---

[22] "Solamente hay una opción, entre el número infinito de opciones que se presentan a cada segundo, que puede traernos felicidad a nosotros y a quienes nos rodean. Elegir esta opción produce una forma de comportamiento que se conoce con el nombre de acción correcta espontánea. La acción correcta espontánea es la acción apropiada que se toma en el momento oportuno. Es la respuesta correcta a cada situación, en el momento en que se presenta. Es la acción que nos nutre, a nosotros y a todas las demás personas a quienes ella afecta" (Chopra, 1994, p. 8).

Por ejemplo: *una empresa con 20 empleados en el área de ventas decide ascender a uno de ellos, aumentar su sueldo y encargarle la coordinación del área. Los socios discuten los parámetros que se tomarán para otorgar ese ascenso; un grupo piensa que se debe elegir al empleado de mejor desempeño en los últimos años; otro grupo cree que al seleccionar al mejor se perderá un importante elemento ejecutor (un gran vendedor) y piensa que se debe escoger al que demuestre mayor liderazgo, sea más aceptado por sus compañeros y tenga influencia sobre ellos, a pesar que su desempeño en ventas no haya sido el mejor.*

Aquí aparece la disyuntiva, ¿qué es lo correcto?

Tal vez para la empresa y su conveniencia, lo correcto sea elegir al líder ya que el cargo que desempeñará será de coordinador; pero para los empleados, lo correcto tal vez sea, que el trabajador que más se ha esforzado y ha obtenido los mejores resultados sea el indicado para el cargo.

¿Quién tiene la razón?

¿Cómo hacemos lo correcto?

Para tomar la decisión más justa, debemos observar lo siguiente:

1. Quien toma la decisión NO debe considerar sus conveniencias personales.

2. Considerar el objetivo común de las personas o grupo humano involucrado.

3. Considerar la predisposición y voluntad de las personas que estén involucradas para esta decisión.

4. NO marginar ni excluir a nadie.

5. NO perjudicar a nadie.

A las posibles opciones debemos pasarlas por estos cinco filtros, si no cumplen con alguna de estas condiciones, se debe buscar otras opciones que sí las cumplan.

Así, si se toma la opción de seleccionar al mejor vendedor, se incumple el segundo punto, considerar el objetivo laboral común (vender más) de este grupo de personas y de la empresa, lo que puede dar como resultado que se pierde al mejor vendedor y se gana un coordinador mediocre. Además, se excluiría al resto del personal de esa área y, de paso, se los perjudicaría, por lo que se incumple el cuarto y quinto puntos.

Si se toma la opción de escoger al de mayor liderazgo, se falla en el punto cinco (no perjudicar a nadie). Es inevitable que el trabajador que más se ha esforzado en sus funciones se sienta afectado; además, igual que en el caso anterior, se excluiría al resto del equipo de trabajo, faltando a la cuarta condición.

Se debe agregar que ninguna opción considera la predisposición y voluntad de las personas involucradas para esta decisión (punto tres). Por todo esto, es necesaria una tercera opción: convocar a un concurso interno de merecimientos para optar por el cargo de coordinador, considerando el cumplimiento de todas las características del perfil profesional de este puesto.

La "tercera" opción cumple con todas las condiciones para ser la correcta. Un concurso no considera las conveniencias personales de los socios (punto uno); toma en cuenta el objetivo común del área de trabajo (punto dos), al establecer las características que debe cumplir la persona para desempeñarse como coordinador; no se margina ni excluye a nadie (punto cuatro), se convoca a todos los miembros del equipo de trabajo, por lo que ninguno puede sentirse perjudicado (punto cinco) y, finalmente, los trabajadores tienen libertad de concursar en forma voluntaria (punto tres). Esta opción es "hacer lo correcto".

Todas las decisiones que se toman y las acciones que se ejecutan, desde las más simples e inofensivas a las más complejas y que pueden ser nocivas, deben ser las correctas, las más justas, tratando de apegarse a las cinco condiciones mencionadas, evitando "llevar el agua a su molino" o manejarse de acuerdo a las conveniencias personales, manipulando los hechos para su beneficio, tratando de minimizar o ignorar el perjuicio que se pueda ocasionar a los demás.

Ejemplo:

Si usted, al comprar en un almacén, y al pagar, se da cuenta que le han dado demás el vuelto, lo correcto es devolver el sobrante al cajero, esto cumple con todas las condiciones mencionadas. Sin embargo, pasar por alto este error "aparentemente" le favorece económicamente y con una serie de razonamientos y reflexiones puede animarse a no hacer lo correcto:

Estos negocios ganan demasiado, de alguna manera estoy haciendo justicia.

Cuánto perjudicarán a sus empleados, pagan sueldos de hambre, con esto un poco se equilibra.

Yo vi este producto en otro lado más barato, creo que pagué lo justo.

Si ellos estuvieran en mi lugar y yo hubiera pagado demás seguro no me devolverían.

Lo tomaré como una oferta, etc....etc.

Todos estos son errores de razonamiento, a pesar de que a usted le conste que es verdad todo lo que está pensando (pagan mal a sus empleados, sobreprecio, ellos no lo devolverían, etc.). **Usted es responsable de sus actos, no de los actos de los demás**, por tanto, nada es justificativo para que haga algo incorrecto.

Devolver el dinero es lo correcto, analicémoslo:

ANÁLISIS PARA HACER LO CORRECTO

Decisión / Acción: *Devolver el dinero en exceso recibido por error en un vuelto de una compra realizada en un almacén*

CONDICIONES	CUMPLE		OBSERVACIONES
	SÍ	**NO**	
1. Quien toma la decisión NO debe considerar sus conveniencias personales.	√		*No se toma en cuenta la conveniencia personal (quedarse con el dinero, ya que después de todo, a nadie le vendría mal un poco más de dinero).*
2. Considerar el objetivo común de las personas o grupo humano involucrado.	√		*Tanto para el dueño del almacén como para el cliente, el objetivo común es hacer una transacción (compra-venta) que beneficie a ambos.*
3. Considerar la predisposición y voluntad de las personas que estén involucradas para esta decisión.	√		*No podemos tomar a este error como una ganga, oferta o acto justo y así tapar una acción incorrecta, ya que no se contaría con la voluntad del dueño del almacén.*
4. NO marginar ni excluir a nadie.	√		*Si el dueño del almacén no conoce de este error (y nos quedamos con el dinero), lo estamos excluyendo en la toma de esta decisión.*
5. NO perjudicar a nadie.	√		*Definitivamente, al devolver el dinero cumpliríamos con esta condición; al hacer lo contrario, estaríamos produciendo una pérdida en la venta de este producto, con perjuicio hacia el dueño del almacén.*
Si cumple con TODAS las condiciones, **la decisión / acción es correcta**			SÍ √ NO

Hacer lo correcto en todo y con todos/as, brinda salud mental y permite fijarse metas elevadas, ya que al hacer bien las cosas se siente merecedor de lo mejor que la vida puede dar, tanto consciente, como subconscientemente. Si se perjudica a alguien con una acción incorrecta, se vive a la defensiva, esperando el castigo por ese error, baja el nivel de las aspiraciones y las metas se convierten en una esforzada adaptación, al ritmo de vida de los demás.

5.3 Salir del estancamiento

> **El mayor de todos los errores estriba en no hacer nada porque solo puedes hacer poco.**
> Sydney Smith

Llega un momento en la vida, en que no se tiene metas, se acostumbra y acepta que todo siga igual, siendo difícil salir de esa zona de confort. Sin embargo, se puede ser mejor cada día, a pesar de que se piense que ya se ha alcanzado todo lo que se quería; aparecen nuevas metas, que nos deben ilusionar, emocionar y permitir que el interés por la vida no se apague, que no se sobreviva, sino que se aproveche el tiempo, la salud y las oportunidades, para vivir con alegría.

Muchas personas han conseguido lo que socialmente es considerado una vida exitosa: obtener un título universitario, un trabajo afín a su título, una familia bien estructurada, óptima estabilidad económica, sueldo fijo, casa, carro, otras propiedades y lujos. Podría decirse que han cumplido con todo lo que se esperaba de ellas y, tal vez, hasta (aparentemente), han superado lo que ellas mismas se habían propuesto.

¿Qué más hay que conseguir? y ¿por qué?

Algunas ideas que pueden venir a su mente son:

- Será que es tiempo de descansar de su segura rutina, ya no fijarse más metas, esperar la hora de partir de este mundo, con un sentimiento de satisfacción por lo alcanzado.

- Es tiempo de un merecido ocio, ya todo está en calma, no hay responsabilidades. Gozar del dinero de su trabajo y gastárselo en viajes, paseos o lo que quiera.

- Debe seguir trabajando, hacer lo que hace y hacerlo para toda la vida, ya que esa es su costumbre y esto le hace sentir seguro/a y a salvo.

Existe una satisfacción mucho mayor a la que brindan las cosas materiales que se pueden comprar, las metas que se pueden alcanzar y los lujos que se pueden mantener: es la satisfacción de servir sin recibir nada a cambio, ayudar a otros/as a alcanzar o superar las metas a las que llegamos nosotros, ayudar a mejorar la vida de los demás y contribuir a la felicidad del resto; esta satisfacción es, sin duda alguna, **realización personal**.

La autorrealización va más allá de encontrar satisfacción con la vida material que se tiene. El psicólogo Abraham Maslow habló sobre lo que motiva y genera un sentimiento de felicidad en los seres humanos; una pirámide, en cuya base está la satisfacción de necesidades básicas para sobrevivir como: alimentación, salud, etc. Alcanzadas estas, se buscaría (un segundo estrato) la seguridad personal y económica a través del trabajo y afectiva consolidando una familia; el tercer estrato, el afecto de los demás, siguiendo luego, el éxito y la confianza en sí mismo y, finalmente, en la cúspide, la autorrealización, en donde se tendría tiempo y libertad para el desarrollo creativo y personal.

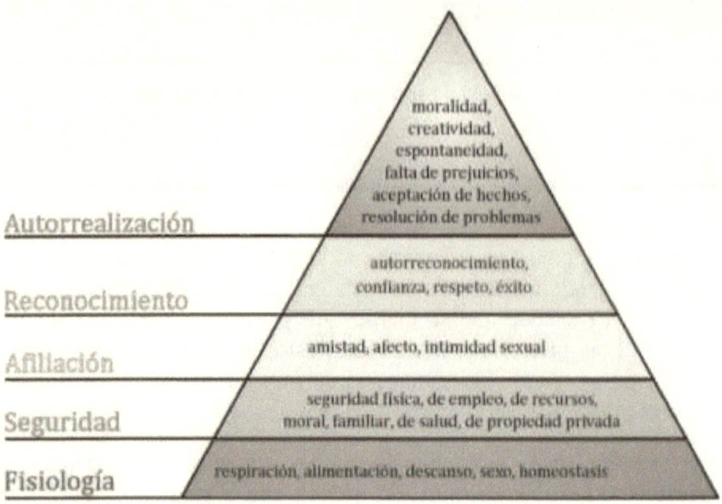

La pirámide de Maslow es compatible con la realidad; sin embargo, el ser humano es eminentemente social y afectivo, por lo que la autorrealización y todos los estratos inferiores se enriquecerían si buscáramos la felicidad de los demás.

La concepción de la vida como una permanente competencia, con el objetivo de dejar atrás a otras personas, que por sus malas decisiones, actuaciones u otras situaciones no pudieron conseguir lo mismo que usted, sin duda, le podría dar una satisfacción superficial. La vanidad, el egoísmo, el orgullo saldrán a relucir en ese momento, sin que eso sea beneficioso para usted, ya que no se da cuenta que mientras haya gente infeliz e insatisfecha, habrá problemas y, entre otras cosas, necesitará defenderse de ataques, críticas y envidias. ¿No sería mejor vivir en paz?

Esto no significa esforzarse y obtener cosas materiales para regalar a los demás, quienes lo recibirían a manos lavadas. Significa crecer juntos, dar buen ejemplo, ser generosos, enseñar lo que se ha aprendido, "no dar el pescado, sino enseñar a pescar", indicar a los demás dónde hay que cavar, para encontrar el tesoro, no sacarlo, para después repartirlo porque, si así lo hacemos, el tesoro dejará de ser valioso para el que lo recibe.

Según Maslow, la autorrealización se consigue cuando se han alcanzado todos los niveles inferiores de la pirámide. Esto es coherente, pues quien tiene hambre no se preocupa por otros problemas ni por las necesidades de los demás. Sin embargo, hay personas que han alcanzado su autorrealización sin satisfacer primero sus necesidades básicas, ni los placeres posteriores y son felices más rápido; es como si se saltaran la ruta establecida en el mapa o no atravesaran el laberinto para llegar a la meta, llegan directo al punto, por lo que se puede afirmar que el ser humano se acerca a la perfección al entender y aplicar la frase "no solo de pan vive el hombre".

Existieron, existen y existirán seres humanos magníficos, que decidieron vivir entre enfermos, pobres, desvalidos y que han logrado una vida feliz, sin conseguir en primer término una vida estable y acomodada; algunos, incluso, han renunciado a la riqueza material por la realización personal y han encontrado su verdadera felicidad.

Hay muchos ejemplos, como la madre Teresa de Calcuta, San Francisco de Asís, San Damián de Molokai, entre otros.

En estos seres humanos se identifica algo que el resto lo tiene escondido e ignorado, enterrado en lo más profundo de su interior: la satisfacción de servir, ayudar, dar, no solo lo que se tiene, sino darse a sí mismo. Esta no es una característica que tienen ciertas personas exclusivas, es el potencial que todos tenemos y que garantiza la felicidad.

Si se conduce con equilibrio, en un compartir satisfactorio, se solventan las necesidades de la pirámide de Maslow y a la vez se realiza como persona. Al escoger y realizar una profesión, un trabajo o cualquier actividad, debe hacerlo por el deseo de servir, no por dinero, sino por la enorme satisfacción de dar y, automáticamente, lo material llegará en abundancia, por añadidura.

Le invito a probar: haga un acto desinteresado, que ayude a otra persona, sin que desee ni consiga algo a cambio, ni siquiera espere gratitud; luego identifique la sensación resultante (algo indescriptible, pleno, hermoso, es el pan espiritual); seguro le gustaría tener esa sensación todo momento. Al mismo tiempo, se considerará merecedor/a de lo mejor que la vida le pueda brindar y eso es lo que obtendrá: felicidad en todos los ámbitos económico, social, afectivo, profesional y espiritual. Al contrario, si actúa injustamente, se aprovecha del resto, se pondrá a la defensiva, esperando el momento del castigo, el cual lo recibirá tarde o temprano, porque inconscientemente lo busca, porque siente que se lo merece.

Ahora, es el momento para plantearse nuevas metas (de acuerdo a los ejercicios descritos en el capítulo alcanzando metas), con una nueva visión de usted mismo/a y de la vida. Viva diariamente su autorrealización, no hay enemigos ni circunstancias negativas, **todo está a merced de su capacidad de transformación**, todo es maravilloso, la vida que tiene no puede decepcionarle, aprendió a bailar al ritmo que le toquen, le gusta el invierno, tanto como el verano, todos los colores son sus favoritos y le sientan maravillosamente bien, respira amor, alegría y acepta la vida como un regalo maravilloso, que solo quién le ama mucho le pudo dar; todos los días agradezca ese regalo, a través de sonrisas sinceras, verdadera emoción y felicidad.

CAPÍTULO VI: FRASES QUE MOTIVAN

> **Todas las historias del mundo se tejen con la trama de nuestra propia vida.**
> Ricardo Piglia

En este capítulo nos hemos permitido crear algunas frases que consideramos son motivadoras; se recomienda que las analice, una cada día, puede repetirla varias veces a diferentes horas del día, para que experimente su contenido en la práctica, haciendo que esa frase sea parte de usted mismo/a.

Día 1

> **No hay mejor día que este, no hay mejor momento que el actual, este instante es trascendental en mi vida, simplemente porque es único y nunca volverá a repetirse**

Valore el presente, no debe esperar ser feliz cuando haya conseguido algo o cuando cambien las circunstancias, porque está desperdiciando el tiempo.

Día 2

> **Mi realización personal debe cumplirse hoy mismo y está en toda acción que haga para servir a otras personas, sin esperar recompensa.**

No hay mayor gratificación en la vida que sentirse bien con uno mismo y esto solo lo puede hacer a través del servicio a los demás. Todos los días podemos hacer algo por alguien, no es necesario que el beneficiario lo sepa, porque esa acción desinteresada hará que su día se enriquezca y tenga sentido.

Día 3

> **Una sonrisa es luz en la obscuridad, ante ella se rinden todos los ánimos negativos y se expresa con alivio la bondad. Sonreír es ayudar y ayudarse; ayudar a que las personas tengan un día feliz y ayudarse uno mismo a disfrutar de ese día.**

Debe acostumbrarse a expresar una sonrisa todo el tiempo, porque este gesto va más allá de la amabilidad, le permite obtener buena salud, tanto física como mental.

Día 4

> **La mezquindad es enemiga de la felicidad, por eso difícilmente se encuentran juntas en una persona.**

Si desea ser feliz debe cuidarse de no ser mezquino, porque la mezquindad hace que tenga objetivos y metas exclusivas a sus conveniencias materiales y si piensa que solo lo material es valioso para los seres humanos, tendrá una vida con demasiadas limitaciones, que le privarán de admirar la belleza de este mundo en todo su esplendor.

Día 5

> **Cuando el ser humano tiene autocontrol, alcanza el éxito en todo lo que se propone.**

No debe esperar que los demás cambien o que las circunstancias sean favorables para alcanzar el éxito; debe trabajar en su autocontrol, en el control de sus pensamientos y sentimientos. Si piensa y siente según sus objetivos, estará caminando hacia el éxito de lo que se propuso.

Día 6

> **La máxima superación que puede alcanzar un ser humano está en ayudar a otro a superarse.**

Cuando alguien ayuda a superarse a otro, utilizándose él mismo como peldaño, para que el otro ascienda, rebasa los límites de lo que se hace comúnmente, está en otro nivel y alcanza la máxima superación de un ser humano.

Día 7

> **En cada nuevo día hay una nueva oportunidad de ser mejor.**

Siempre se puede corregir errores, perdonar y pedir perdón; proponerse ir avanzando cada nuevo día, sin perder un segundo de tiempo.

Día 8

> ## La amabilidad, tolerancia y paciencia es lo mejor para prevenir trastornos emocionales, propios y ajenos.

Las contrariedades que podemos sufrir a diario se dan por falta de amabilidad, tolerancia y paciencia en las personas de nuestro alrededor o en nosotros mismos, por eso es necesaria su práctica, para educar y educarnos en estos hábitos, que logran mantener una adecuada salud mental.

Día 9

> ## La tristeza y desconsuelo siempre tienen el mismo factor desencadenante: la decisión de tenerlos.

Solo está triste quién quiere estarlo y está desconsolado el que repele los pensamientos, sentimientos y palabras de consuelo, es decir, tiene la decisión inquebrantable de entregarse a la tristeza y sufrimiento.

Día 10

> ## Los sentimientos positivos como el amor, entusiasmo, optimismo, alegría, fe, valentía, satisfacción, gratitud, solidaridad, admiración se transforman en el interior de quien los posee en una inagotable fuente de poder.

Los sentimientos positivos son el alimento del alma y de la mente, quién no los experimenta es débil y se enferma con facilidad; en cambio, quién los vive a diario, tiene vitalidad, energía y salud.

Día 11

> ## No desees cambiarte por nadie, pues eres único. No imites a nadie, porque eres excepcional y no necesitas adquirir debilidades de otros. Atrévete a ser tú mismo, es decir, atrévete a ser grande.

Amarse a sí mismo es respetarse siendo auténtico, copiar a otros su forma de ser, es violentarse y degradarse, por más bueno que sea el modelo. Todos tenemos el potencial de ser grandiosos, pero debemos empezar por ser nosotros mismos.

Día 12

**Los obstáculos que se presentan para alcanzar tus objetivos son trampolines
que te impulsan a la consecución de tus más caros anhelos.**

Cuando un obstáculo se presenta, "hay que aprender".
Cuando una puerta se cierra, "hay que aprender".
Cuando la vida dice que no a tus proyectos, "hay que aprender".
Gracias a los obstáculos aprendes a llegar a donde quieres y a escoger el camino adecuado del cual disfrutarás. Por eso, debes dar gracias a Dios por los obstáculos.

Día 13

**Todas las circunstancias de la vida que aparentan ser problemas, son
oportunidades disfrazadas que la vida guarda como un valioso tesoro, en
donde nadie pensaría en encontrarlas.**

Debemos escarbar y encontrar el lado positivo de todo lo que nos toca vivir y aprovecharlo, pues en las circunstancias negativas se encuentran las oportunidades más valiosas que se nos presentarán en la vida.

Día 14

**Todos tenemos bondad en nuestro corazón, pero hay personas tan temerosas
que tienen miedo de expresarla.**

La bondad es un sentimiento que compartimos todos los seres humanos; es importante identificarlo y saber exteriorizarlo; el temor al rechazo o al abuso hace que lo reservemos en nuestro interior, pero está ahí latente.

Día 15

Quién espera recibir gratitud al dar, obtendrá frustración al esperar.

Dar sin esperar recompensa de ninguna índole debe ser nuestra consigna; la recompensa está en nuestro propio interior y se produce exactamente al momento que realizamos una buena acción; así que lo más saludable es no esperar nada de los demás.

Día 16

> **Quién ama al prójimo nunca estará solo.**

Amar al prójimo no es solo un mandato divino que nos da felicidad en esta vida, sino que también nos garantiza que despertaremos las mejores cualidades de los demás, creando una sociedad más unida en la que las personas nos apoyemos mutuamente.

Día 17

> **El éxito de todo lo que hagas radica en tu empeño de dar el máximo esfuerzo. El resultado de tu máximo esfuerzo es el éxito que te mereces.**

La perfección es subjetiva y no se alcanza en ningún momento, porque lo que está bien para unos, está mal para otros. Por eso, el máximo esfuerzo al hacer las cosas, realizándolas en forma correcta y responsable, siempre nos conducirá al éxito; esto debemos hacerlo sin engañarnos, pues se verá evidenciado en los resultados.

Día 18

> **Las personas que tienen baja autoestima no pueden brindar amor verdadero, pues uno no puede dar algo que no posee.**

El amor debe partir por uno mismo: quien no se ama no es capaz de amar a otra persona; lo máximo que podrá hacer es depender de ella y tratar de poseerla con el fin de tener mayor seguridad, pero no lo logrará, pues la seguridad personal está en la aceptación de sí mismo.

Día 19

> **Tus estados de ánimo no dependen de las demás personas, circunstancias o tu entorno; únicamente dependen de tu decisión. Decide ser optimista y alegre todo el tiempo.**

A pesar de las circunstancias desfavorables o de la aprobación y desaprobación de las personas, debemos tener un estado de ánimo positivo, que nos ayudará a vencer dificultades y resolver problemas; es una cuestión de decisión a la que podemos llegar a voluntad.

Día 20

> **La falta de iniciativa y automotivación llevan a la mediocridad y al estancamiento.**

Dejarse llevar por la corriente y permitir que otras personas o las circunstancias de la vida nos lleven por caminos por los cuales (tal vez) no querríamos, es fruto de la falta de iniciativa con su respectiva motivación para alcanzar lo que queremos.

Día 21

> **La actitud que los demás tengan hacia tu persona depende de la apertura que tú les des.**

Muchas veces nos quejamos de cómo nos tratan los demás, pero pocas veces nos detenemos a analizar cómo los tratamos. Las relaciones interpersonales deben estar basadas en la búsqueda de lo mejor del otro, para permitir que fluya un vínculo de comprensión y solidaridad, tratando a los demás no solo con respeto sino también con amor.

Día 22

> **La debilidad es solo la falta de voluntad.**

Es necesario decidir cada cosa en nuestra vida, desde nuestro estado de ánimo a las actividades que queremos realizar; a veces pensamos que las circunstancias externas son las que nos guiarán y de acuerdo a lo que pase nos comportaremos, pero no es lo adecuado. Lo que conviene a nuestra vida y salud mental es decidir los sentimientos, pensamientos y acciones que queremos experimentar y, con nuestra voluntad, lo podemos hacer.

Día 23

> **La esperanza de un mundo mejor nace con cada niño, por eso el anuncio de un nacimiento siempre es una buena noticia.**

Tristemente, cuando hay el anuncio de un embarazo no planificado, muchas veces se considera como un error o un fracaso, pero no es así, el nacimiento de un niño siempre será una bendición.

Día 24

> Ser padres es experimentar el amor en la más pura de sus manifestaciones.
> Ser esposo o esposa es encontrar en el otro el preciso complemento que
> necesitabas para ser más feliz.
> Ser hijo o hija es conocer en la relación con los padres, la forma humana del
> amor de Dios.
> Por eso, con quién te toque compartir, trátalo como hijo/a, esposo/a, madre
> o padre y construirás un mundo mejor.

Si tratáramos a nuestro compañero, vecino, amigo, conocido, extraño o familiar lejano, como a un miembro importante de nuestra familia, seríamos más comprensivos y tolerantes, haciendo de las relaciones interpersonales un placer.

Día 25

> Los problemas que se experimentan en la vida son siempre temporales, pues
> todo tiende a mejorar con pensamiento positivo.

Incluso los problemas más graves tienden a desaparecer y si no desaparecen nos acostumbramos a ellos con el tiempo, asimilando sus enseñanzas, sacándoles el mayor provecho y haciendo que esa experiencia nos ayude a mejorar.

Día 26

> El optimismo es la forma más acertada de enfrentar los problemas.

A veces es difícil y se necesita toda nuestra voluntad para ser optimistas; este optimismo no consiste en engañarnos e ilusionarnos, con algo que tal vez no pase, sino consiste en desapegarnos al resultado que queremos y vivir el presente, con alegría, apoderándonos de nuestro estado de ánimo y manejándolo para nuestro bienestar.

Día 27

> La energía y vitalidad del ser humano se renueva siempre con una sonrisa.

Sonreír es el mejor ejercicio para la salud mental; si en algún momento no tenemos motivo, evoquemos recuerdos alegres y sonriamos la mayor parte del día.

Día 28

La soledad es simple egoísmo.

Las personas están solas únicamente por su dificultad para compartir no solamente las cosas materiales, sino también la vida misma.

Día 29

La amabilidad es la carta de presentación de las personas educadas.

La crianza de nuestros padres, se refleja en nuestra conducta, cuando somos amables hacemos gala de nuestra educación.

Día 30

La belleza de una persona es el resplandor de la luz de su interior.

La bondad, generosidad, alegría, nobleza, lealtad, justicia y amor son la verdadera belleza que se encuentra en nuestro interior y que sale a relucir en nuestro comportamiento diario.

Día 31

Salud mental es tener el corazón lleno de buenos sentimientos, la mente repleta de buenos pensamientos y las acciones colmadas de las mejores intenciones.

El amor al prójimo es la mejor manera de prevenir trastornos mentales.

Día 32

Los límites en tu comportamiento siempre los impone una voz en tu interior.

Calmarse para escuchar en el interior cuál es la mejor conducta nos permite tener buenas relaciones interpersonales, de amor y respeto.

Día 33

> **Quien busca siempre culpables de todo lo negativo que le sucede es, además de cobarde, irresponsable.**

Buscar culpables siempre agranda el problema, dilata y entorpece la solución, crea más sufrimiento, resentimiento y conflictos en las relaciones interpersonales. Por eso, es mejor afrontar lo que nos toque vivir, con responsabilidad, canalizando toda nuestra energía en solucionar el problema o en aceptar y aprovechar lo que no podemos cambiar.

Día 34

> **Quién para ser aceptado deja de ser auténtico para parecerse a los demás, termina irrespetándose e irrespetado.**

No es necesario parecerse a los demás para crear una buena empatía, solo se necesita ser comprensivo y tolerante, cuidar de no dejar de lado los principios, valores y actitudes personales, que le hacen un ser único e irrepetible que los demás sabrán respetar y admirar.

Día 35

> **Autoobserva siempre tus acciones, puesto que estás educando todo el tiempo.**

Tenemos la creencia que la educación es un acto que se hace dentro de determinado tiempo y solo cuando tenemos la intención de hacerlo, pero esto no es verdad, educamos todo el tiempo.

Día 36

> **Todo es susceptible de aprender, incluso el hecho de que estás aprendiendo.**

La experiencia y los años cumplidos nos enseñan que el aprendizaje es una actividad que nunca termina.

Día 37

Las personas más inteligentes, lo demuestran siendo generosos y con vidas plenas, llenas de amor y paz. Cuando una persona se limita únicamente a ser un buen profesional, estudiante o trabajador, está limitando su inteligencia a determinadas áreas.

Día 38

Muchas personas, especialmente en la adolescencia, se dejan manipular por sus amistades, pareja o personas que admiran, perdiendo su verdadera identidad.

Día 39

Educar a los niños en el amor, comprensión, justicia, respeto y tolerancia es crear un ambiente de paz en el futuro.

Día 40

Debemos ser generosos con todos los seres humanos, incluidos nosotros.

Día 41

Quien no obtiene lo que desea es porque no persevera, cambiando oportunamente de estrategia.

La perseverancia siempre lleva al éxito. Cambiar de estrategia no es cambiar de meta, es cambiar de camino hasta encontrar el adecuado para alcanzar lo propuesto.

Día 42

Valoremos siempre nuestro trabajo, sintámonos orgullosos y satisfechos por realizarlo, pero siempre tengamos presente que es la segunda cosa más importante en nuestra vida; la primera es la familia, no lo olvidemos a la hora de administrar nuestro tiempo.

Trabajar fuera del hogar todo el tiempo para nuestra familia, no hace más que descuidarla; las personas que amamos, más que de nuestro dinero necesitan de nuestra presencia y afecto, igual nosotros necesitamos lo mismo de ellas.

Día 43

Una persona conformista es alguien que no sabe lo que quiere.

Tener metas en la vida nos permite canalizar nuestra energía hacia un fin; si nos conformamos con lo que nos toque vivir, significa que no tenemos metas.

Día 44

El poder sin el ánimo de servir a los demás es como comer de gula, termina por enfermarnos.

El estar en una situación de poder hace que tengamos posibilidades de ayudar a mucha gente; si no lo hacemos, el poder nos hundirá.

Día 45

> **Si sientes duda sobre lo que tengas que hacer, haz la pregunta a tu interior, él te guiará acertadamente.**

El analizar insistentemente los factores externos hace que nos confundamos más y que las dudas se multipliquen; cerremos los ojos al exterior, calmémonos y escuchemos nuestro interior, ahí encontraremos la respuesta.

Día 46

> **No hay gente incapaz, hay gente pesimista.**

Todo podemos aprender y todo lo podemos hacer si nos esforzamos alegremente y hacemos las cosas con amor.

Día 47

> **No hay ayuda pequeña, hay pobre creatividad.**

Todos los problemas tienen solución, solo debemos idear una manera innovadora de resolverlos.

Día 48

> **La justicia parte de la imparcialidad hacia uno mismo.**

Muchas veces creemos que "justo" es lo que nos conviene; debemos ser imparciales con nosotros mismos y seremos justos con todos, incluyéndonos.

Día 49

Toda conducta debe ser una expresión de amor.

Lo que hagamos debe ser hecho con amor, para construirnos y no destruirnos, superándonos, evolucionando y permitiendo que los demás hagan lo mismo.

Día 50

Todas las profesiones se hicieron para servir; si sabes servir eres un buen profesional.

Todas las profesiones tienen una recompensa mayor que el dinero, esta es la construcción de un mundo mejor y próspero.

Día 51

Amar es desprenderse de la vida para dársela a otros.

Amar no es buscar conveniencias ni perseverar por nuestros intereses, es buscar la felicidad del otro y, cuando el otro la encuentra, encontramos nuestra vida.

Día 52

El idioma que todos podemos entender es la sonrisa.

La sonrisa, en todos los idiomas, significa aceptación, alegría, generosidad y amabilidad.

Día 53

Un tono de voz amable hace asimilable hasta lo más complejo.

Con dulzura, amabilidad y paciencia, hacemos que nuestro mensaje llegue con facilidad a los demás.

Día 54

Los errores que se corrigen con amor son enseñanzas imposibles de olvidar.

Si corregimos con amor, aprendemos también nosotros y ninguna de las partes olvidará el aprendizaje.

Día 55

Quien sufre de pobreza no está siendo creativo.

Las ideas son fuente inagotable de riqueza, eso lo corroboran los grandes empresarios, millonarios y gente de poder.

Día 56

Las dificultades tienen una única función: retarte para ser cada día mejor.

Es necesario utilizar las dificultades para mejorar, no dejarlas pasar obteniendo únicamente tristeza y desaliento.

Día 57

El amor no sabe de sufrimiento; si crees que sufres por amor, seguro no es amor lo que sientes.

El verdadero amor siempre busca la felicidad del otro, pero si eso no es lo que buscas, entonces no es amor; puede ser dependencia, temor o costumbre.

Día 58

> ## Silencio sin comprensión del otro se convierte en agresión.

El silencio puede ser agresivo si a la otra persona no le ha llegado el mensaje de que tú estás escuchando lo que dice.

Día 59

> ## Quién miente sobre sí mismo no está satisfecho con su vida.

El mentir sobre uno mismo indica que no nos sentimos bien con quien somos y nos advierte que debemos cambiar y mejorar para sentirnos bien.

Día 60

> ## Quien da su máximo esfuerzo en todas sus acciones nunca sufrirá de sentimientos de culpa.

El máximo esfuerzo es el éxito y quién dio lo mejor de sí tiene la conciencia tranquila.

ANEXOS

CAPÍTULO I: Descubriéndose a sí mismo: autoexploración

1.1 Características positivas y negativas de la personalidad:

AUTOEXPLORACIÓN: Características positivas y negativas de la personalidad	
POSITIVAS	**NEGATIVAS**
- - - - - - - - -	- - - - - - - - -

AUTOEXPLORACIÓN: Análisis de los "defectos"		
ASPECTO A MODIFICAR	**CUÁNDO ES ÚTIL**	**CUÁNDO ES PERJUDICIAL**
1.	- - - -	- - - -
2.	- - - -	- - - -
3.	- - - -	- - - -
4.	- - - -	- - - -
5.	- - - -	- - - -

1.2 Circunstancias incómodas y nuestra conducta:

AUTOEXPLORACIÓN: Circunstancias incómodas y nuestra conducta	
PAUTAS DE ANÁLISIS	**ANÁLISIS DE NUESTRA CONDUCTA**
1. RECUERDE Y DESCRIBA UNA CIRCUNSTANCIA QUE LE HA INCOMODADO	
2. ¿CUÁL FUE SU ESTADO DE ÁNIMO Y SUS PENSAMIENTOS ANTE ESA SITUACIÓN?	
3. ¿POR QUÉ CREE QUE ASUMIÓ ESTA CONDUCTA?	
4. ¿CUÁL DEBIÓ SER SU CONDUCTA?	
5. ¿POR QUÉ, ESTA DEBIÓ SER LA CONDUCTA ADECUADA?	

1.3 Autobiografía:

AUTOEXPLORACIÓN: Autobiografía

2.1 Cómo utilizar el razonamiento para nuestro propio beneficio: Autopersuasión:

BUSCANDO EL CAMINO
AUTOPERSUASIÓN: RAZONAMIENTO POSITIVO

2.2 La Autosugestión

BUSCANDO EL CAMINO
AUTOSUGESTIÓN

BUSCANDO EL CAMINO: DESENSIBILIZACIÓN SISTEMÁTICA	
ALTERACIÓN EMOCIONAL A CAMBIAR:	
EXPERIENCIAS EN LAS QUE SE PRESENTA	**SUGESTIÓN**
1. Un punto:	
2. Dos puntos:	
3. Tres puntos:	
4. Cuatro puntos:	
5. Cinco puntos:	

3.1 Falta de perseverancia:

VENCIENDO OBSTÁCULOS: Falta de perseverancia	
RUTINA DIARIA EXISTENTE	
HORARIO	**ACTIVIDAD**

VENCIENDO OBSTÁCULOS: Falta de perseverancia		
RUTINA DIARIA PROPUESTA		
HORARIO	**ACTIVIDAD EXISTENTE**	**ACTIVIDAD PROPUESTA**

3.5 Sentimientos negativos hacia los demás:

VENCIENDO OBSTÁCULOS: Sentimientos negativos hacia los demás	
Personas con las que necesita reconciliarse	**Mis deseos para ellos/as**
1. ...... (el nombre)	
2.	
3.	
4.	
5.	

3.7 Falta de autocontrol:

VENCIENDO OBSTÁCULOS: Falta de autocontrol	
PENSAMIENTOS NEGATIVOS	**PENSAMIENTOS POSITIVOS**

4.1.1 Aceptar la situación de vida

ALCANZANDO METAS: Aceptar la situación de vida
1. AUTOPERSUASIÓN
2. AUTOSUGESTIÓN:

4.1.2 Planificar la solución (aceptar la realidad y actuar):

ALCANZANDO METAS: Planificar la solución		
1. SITUACIÓN PROBLEMÁTICA		
Presente: Especificar el problema actual	**Pasado:** Cómo era antes de convertirse en problema	**Futuro:** Cómo sería una vez resuelto el problema
2. CARACTERÍSTICAS PERSONALES Y ACTITUD		
Actualmente	Antes del problema	Resuelto el problema
3. RECURSOS: PERSONAS, COSAS Y CIRCUNSTANCIAS CON LAS QUE CUENTO		
4. ¿QUÉ APRENDO DEL ANÁLISIS DE MI SITUACIÓN PASADA, ANTES DEL PROBLEMA Y QUÉ ES LO POSITIVO DE MI EXPERIENCIA?		
5. CUÁL ES LA SOLUCIÓN A MI PROBLEMA (considerando los recursos con los que cuento)		
6. PASOS A SEGUIR PARA SOLUCIONAR MI PROBLEMA		
1. ... *2.* ... *3.* ...		
7. DESCRÍBASE USTED CON EL PROBLEMA RESUELTO (Con el máximo de detalles. Tome en cuenta los puntos 1 y 2 en el área del futuro)		
8. VISUALICE SU DESCRIPCIÓN (Visualice y practique todo el tiempo la actitud descrita en el punto 7)		

4.2 Tomar decisiones acertadas:

ALCANZANDO METAS: Toma de decisiones acertadas			
1. SITUACIÓN POR LA QUE HAY QUE TOMAR UNA DECISIÓN Y EN QUÉ TIEMPO MÁXIMO (especifique)			
2. CONTEXTO DE LA SITUACIÓN (describa)			

3. PRIORIDADES PERSONALES. Lo más importante (5 puntos) a lo menos importante (1 punto)	PUNTUACIÓN
	5
	4
	3
	2
	1

	CALIFICACIÓN		
4. ALTERNATIVAS DE DECISIÓN (describa sin orden de importancia)	**DE ACUERDO AL SENTIMIENTO QUE LE INSPIRA[1]:** **5.- Entusiasmo** **4.- Alegría** **3.- Satisfacción** **2.- Indiferencia** **1.- Tristeza o desagrado**	**DE ACUERDO A LA PUNTUACIÓN DE SUS PRIORIDADES[2]**	**TOTAL [3]**
a) ...			
b) ...			
c) ...			
d) ...			
e) ...			

[1] Los sentimientos pueden diferenciarse entre: **Entusiasmo:** estado de ánimo con exaltación positiva; **Alegría:** estado de ánimo positivo, con felicidad; **Satisfacción:** estado de ánimo de bienestar, gusto y placer; **Indiferencia:** estado de ánimo de desgano y apatía; y **Tristeza o desagrado:** estado de ánimo negativo de molestia e infelicidad.

[2] Para cada alternativa de decisión, coloque la puntuación que dio a una de sus prioridades (la que más se asocie) en el punto 3, puede repetir el puntaje del criterio de prioridad, para más de una alternativa de decisión.

[3] En caso de empate entre las diferentes alternativas, usted deberá decidir la alternativa que tiene más factibilidad y/o viabilidad.

ALCANZANDO METAS: Establecer sus metas				
ANÁLISIS DE SUS PENSAMIENTOS Y DESEOS VITALES				
	CATEGORÍA*			
RESPONDA ESTAS PREGUNTAS:	ECONÓMICA/ LABORAL	AFECTIVA	PLACER Y RECREACIÓN	SOCIAL
1. ¿Qué experiencias le gustaría tener?				
2. ¿Qué características conductuales le gustaría que tengan las personas con las que convive?				
3. ¿Qué actividad le apasiona y nunca le cansaría?				
4. ¿Qué es lo que más disfruta aprender?				
5. ¿Cuáles son los lugares o paisajes que más disfruta?				
6. ¿Qué característica de su personalidad le hace sentirse auténtico/a?				
7. ¿Qué característica de su personalidad le hace sentirse incómodo/a?				
8. ¿Qué espera en el contacto social con los/as demás?				
9. ¿Cómo quisiera que sean las personas?				
10. ¿Qué necesita tener para sentirse seguro/a?				
11. ¿Cómo le gustaría verse y que le vieran los demás?				

* Puede escoger una o varias categorías, se recomienda que reflexione su respuesta y la asocie con la categoría que más se relacione.

ALCANZANDO METAS: Establecer sus metas	
METAS ESPECÍFICAS	**METAS DETALLADAS**
-	
-	
-	
-	
-	

4.4 Planificar y ejecutar sus metas

ALCANZANDO METAS: Planificar y ejecutar sus metas		
PLANIFICACIÓN		
¿Qué debo hacer para …... (meta) ……**?**		
¿Qué acciones tomar?	**¿Cómo?**	**¿Cuándo?**
1.		
2.		
3.		
4.		
5.		

ALCANZANDO METAS: Planificar y ejecutar sus metas								
CUMPLIMIENTO SEMANAL DE CONDUCTAS Y HÁBITOS								
CONDUCTAS Y HÁBITOS PARA EL CUMPLIMIENTO DE METAS	MES:			SEMANA N°:				
	Lunes	Martes	Miércoles	Jueves	Viernes	Sábado	Domingo
1. Esforzarme en ser como desearía que las demás personas sean.							
2. Expresarme siempre con la característica más auténtica de mi personalidad.							
3. Aceptarme con el rasgo de mi personalidad que me incomoda.							
4. Cultivarme al máximo en la actividad que me gusta hacer y que nunca me cansa.							
5. Extasiarme de los lugares que más disfruto.							
6. Administrar bien mis finanzas.							
7. Sentirme feliz todo el tiempo.							

OBSERVACIÓN	COMPENSACIÓN

ALCANZANDO METAS: Planificar y ejecutar sus metas					
CUMPLIMIENTO MENSUAL DE CONDUCTAS Y HÁBITOS					
CONDUCTAS Y HÁBITOS PARA EL CUMPLIMIENTO DE METAS	MES __________				
	Semana 1	Semana 2	Semana 3	Semana 4	Semana 5
1. Esforzarme en ser como desearía que las demás personas sean.					
2. Expresarme siempre con la característica más de mi personalidad.					
3. Aceptarme con el rasgo de mi personalidad que me incomoda.					
4. Cultivarme al máximo en la actividad que me gusta hacer y que nunca me cansa.					
5. Extasiarme de los lugares que más disfruto.					
6. Administrar bien mis finanzas.					
7. Sentirme feliz todo el tiempo.					

OBSERVACIÓN	COMPENSACIÓN

CAPÍTULO V: Programe su autorrealización

5.1 Valorar su vida

PROGRAME SU AUTORREALIZACIÓN: Valorar su vida			
RUTINA DIARIA			
Hora / actividad	Beneficio(s)	Qué aprendí	Qué actitud tener
EL TESORO QUE HOY TUVE FUE:			

PROGRAME SU AUTORREALIZACIÓN: Autoobservar su comportamiento			
ANÁLISIS PARA HACER LO CORRECTO			
Decisión / Acción:			
CONDICIONES	**CUMPLE**		**OBSERVACIONES**
	SÍ	**NO**	
1. Quien toma la decisión NO debe considerar sus conveniencias personales.			
2. Considerar el objetivo común de las personas o grupo humano involucrado.			
3. Considerar la predisposición y voluntad de las personas que estén involucradas para esta decisión.			
4. NO marginar ni excluir a nadie.			
5. NO perjudicar a nadie.			
Si cumple con TODAS las condiciones, **la decisión / acción es correcta** SÍ NO			

GLOSARIO DE TÉRMINOS:

Actuación: Manera de comportarse de una persona.

Adiestramiento: Adquirir un hábito, a través de la práctica repetitiva de una conducta.

Agresividad: Atacar de una forma grosera y brusca a sí mismo o a los demás.

Alteración emocional: Perturbación del estado de equilibrio emocional.

Aptitud: Capacidad para realizar una determinada actividad con facilidad.

Autocontrol: Es la capacidad de dominio sobre uno mismo. Se refiere sobre todo al control de los pensamientos, emociones y sentimientos, así como también al control de actitudes y comportamientos. El estado emocional, en cada instante es una decisión personal y controlar los pensamientos brinda autocontrol.

Autoexploración: Exploración o reconocimiento que una persona realiza de las características de su personalidad.

Autopersuasión: Capacidad de convencerse a sí mismo con argumentos lógicos; consiste en aconsejarse uno mismo, una conducta apropiada, en base a argumentos bien investigados, para que no cause daño a nadie y permita una mejor adaptación a la realidad.

Autorrealización: Logro de las metas y aspiraciones que la persona alcanza por sí misma, que incluyen un sentimiento de alegría permanente y gran satisfacción.

Autosugestión: Decretos repetitivos que se realiza la persona a sí misma, con el fin de influir en su subconsciente. Consiste en decretarse a sí mismo que ciertas circunstancias, hechos o personas le producirán una repuesta positiva.

Aversión: Sentimiento de rechazo o repugnancia a algo.

Comportamiento: Conducta que tiene una persona en determinada circunstancia o en forma general.

Conducta: Respuestas o acciones que desarrolla una persona frente a diferentes estímulos. Se puede utilizar este término como sinónimo de comportamiento.

Desensibilización sistemática: Método psicoterapéutico que consiste en enfrentar, en forma progresiva, experiencias negativas para vencer miedos y fobias.

Equilibrio emocional: Respuestas emocionales adecuadas que un individuo tiene en función a los estímulos externos.

Estancamiento: Mantenerse en su zona de confort, apatía.

Felicidad: Estado de ánimo de permanente dicha y satisfacción.

Hábito: Acto que lo realizamos por costumbre.

Identidad: Características propias que una persona tiene y que no son fruto de la influencia de las demás.

Inmadurez emocional: Falta de sensatez, prudencia o buen juicio en el comportamiento.

Interpretación: Comprender de una forma subjetiva, un hecho real.

Meta: Fin en el que se enfocan las actuaciones de una persona.

Perseverancia: Constancia en las actuaciones.

Personalidad: Conjunto de características psicológicas que dan individualidad a una persona.

Psicoterapia: Tratamiento que implica procedimientos psicológicos.

Razonamiento positivo: Ordenamiento lógico de los pensamientos, orientándolos al beneficio personal, procurando un aprovechamiento total de las experiencias vividas.

Recreación verbal: Expresión verbal detallada, de una experiencia real o de algo subjetivo.

Relaciones interpersonales: Interacción con otras personas; los sentimientos que generan estas relaciones, son positivos, cuando se respeta y tolera las diferencias entre humanos; amando al prójimo como a uno mismo.

Relajación: Disminución de la tensión, generando un estado de descanso y reposo; se puede liberar la tensión del cuerpo aflojando los músculos hasta encontrar alivio.

Resistencia al cambio: Mantenerse firme en la situación presente, esforzándose por conservar intactos todos los factores externos, pudiendo tener un acostumbramiento casi enfermizo a errores y actitudes negativas en la personalidad.

Rutina: Hacer algo determinado, repitiéndolo sin reflexión.

Socializar: Interactuar en un grupo humano.

Sublimación: Canalización de la energía utilizada para una conducta perjudicial hacia una actividad provechosa.

Terapia aversiva: Es un tipo de tratamiento psicológico que consiste en exponer al paciente a un estímulo desagradable, al mismo tiempo que se lo asocia a una conducta indeseable, con el fin de extinguir esta conducta.

Test psicológico: Instrumento que tiene por objeto evaluar características o rasgos psicológicos del individuo.

Tolerancia: Actitud de permitir las diferencias de las otras personas aunque no le guste o apruebe.

Vida plena: Capacidad de disfrutar todo lo que experimenta en la vida, hasta el más mínimo detalle.

Visualizar: Representar mentalmente lo que se desea experimentar.

Voluntad: Facultad intelectual que permite decidir y actuar.

REFERENCIAS:

- ALCÁNTARA Moreno, Gustavo, "La definición de salud de la Organización Mundial de la Salud y la interdisciplinariedad", *Sapiens. Revista Universitaria de Investigación*, vol. 9, número 1, junio, 2008, pp. 93-107, Universidad Pedagógica Experimental Libertador Caracas, Venezuela, disponible en: http://www.redalyc.org/articulo.oa?id=41011135004

- CHOPRA, Deepak, *Las siete leyes espirituales del éxito*, 1994, disponible en: https://drive.google.com/file/d/0B20m6O8u8aRwNW5ZQnpvTWNDUDg/view?pref=2&pli=1

- CHOPRA, Deepak, *Cuerpos sin edad, mentes sin tiempo, la alternativa cuántica al envejecimiento*, 2002, disponible en: http://www.ricardoego.com/libros/Cuerpos%20sin%20edad,%20mentes%20sin%20tiempo%20-%20Deepak%20Chopra.pdf

- DORIA, José, *Inteligencia del alma*, disponible en: http://www.inciensoshumagic.com/inteligencia_del_alma.pdf

- DYER, Wayne, (1993). *El cielo es el límite*, quinta edición, Bogotá Colombia: Grijalbo S.A.

- GIBRAN, Khalil Gibran, (1991). El Profeta. *El jardín del profeta y Los Dioses de la tierra*, séptima edición, Buenos Aires, Argentina: editorial Kier SA.

- HICKS, Jerry y Esther, *La Ley de la Atracción, El secreto que hará realidad todos tus deseos*, ediciones Urano, disponible en: http://cdn2.hermandadblanca.org/wp-content/uploads/2016/06/hermandadblanca_org_libro_la_ley_de_atraccion.pdf.

- JAMES, Allen, (2011). *Como un hombre piensa*, disponible en: http://www.filosofiaparalavida.org/wp-content/uploads/2011/10/Como-un-Hombre-Piensa-James-Allen.pdf

- JURAN, J. M., (1990). *Juran y el Liderazgo para la calidad, un manual para directivos*, Madrid: Ediciones Díaz de Santos.

- LA BIBLIA Latinoamericana, (2004). Texto traducido del hebreo y del griego, 119 edición, España: Editorial Verbo Divino.

- POKROVSKI, V. S. y otros, (1966). *Enciclopedia de Filosofía, Primera Serie, Tomo 10, Historia de las Ideas Políticas*, México: Editorial Grijalbo, S. A.

- SCHUCMAN, Helen. *Un curso de milagros*, Edición de 2016-10-14, disponible en: https://jlcortesescolano.files.wordpress.com/2016/10/ucdm-2016-10-14.pdf